UND DU
BEGLEITEST MICH

Das Geheimnis der Bäume

Erwin Thoma

UND DU BEGLEITEST MICH

Das Geheimnis der Bäume

EDITION THOMA

Inhalt

  6 Vorwort

8 Der Bergahorn
10 Wer eilt, der hat kein Glück
17 Der Ahorn in der Baumfamilie
18 Ahornholz
19 Die Bedeutung für die Seele und Gesundheit

20 Die Zirbe
22 Jedem wächst sein Baum
28 Zirbenholz
29 Die Bedeutung für die Seele und Gesundheit

30 Die Linde
32 Der schnitzende Mönch
36 Lindenholz
37 Die Bedeutung für die Seele und Gesundheit

38 Die Erle
40 Mehr Schätze als wir denken
41 Die Erle in der Baumfamilie
42 Erlenholz
43 Die Bedeutung für die Seele und Gesundheit

44 Die Birke
46 Beschützt und begleitet
58 Die Birke in der Baumfamilie
59 Birkenholz
      Die Bedeutung für die Seele und Gesundheit

60 Der Nussbaum
62 Die brennende Nuss
67 Nussholz
      Die Bedeutung für die Seele und Gesundheit

68 Die Eiche
70 Ruhige Wucht und feiner Klang
71 Die Eiche in der Baumfamilie
72 Eichenholz
73 Die Bedeutung für die Seele und Gesundheit

74 Die Buche
76 Stets bei dir geborgen
79 Die Buche in der Baumfamilie
80 Buchenholz
81 Die Bedeutung für die Seele und Gesundheit

- **82 Die Esche**
  - 84 Lachen, Milch und täglich Brot
  - 93 Die Esche in der Baumfamilie
  - 94 Eschenholz
  - 95 Die Bedeutung für die Seele und Gesundheit
- **96 Die Fichte**
  - 98 Gespannt zwischen Himmel und Erde
  - 112 Die Fichte in der Baumfamilie
    Fichtenholz
  - 113 Die Bedeutung für die Seele und Gesundheit
- **114 Der Kirschbaum**
  - 116 Unverstellte Sinneslust
  - 118 Der Kirschbaum in der Baumfamilie
  - 119 Kirschholz
    Die Bedeutung für die Seele und Gesundheit
- **120 Der Apfelbaum**
  - 122 Kerngesund das Leben schmecken
  - 123 Apfelholz
  - 124 Die Bedeutung für die Seele und Gesundheit
- **126 Der Birnbaum**
  - 128 Mondholz und dichte Faser
  - 131 Der Birnbaum in der Baumfamilie
  - 132 Birnenholz
  - 133 Die Bedeutung für die Seele und Gesundheit
- **134 Die Lärche**
  - 136 Den Stürmen trotzen
  - 143 Die Lärche in der Baumfamilie
  - 144 Lärchenholz
  - 145 Die Bedeutung für die Seele und Gesundheit
- **146 Die Tanne**
  - 148 Auf dem Weg zur Märchenwiese
  - 154 Die Tanne in der Baumfamilie
    Tannenholz
  - 155 Die Bedeutung für die Seele und Gesundheit
- **156 Die Kiefer**
  - 158 Urgroßmutter aller Bäume
  - 160 Die Weißkiefer in der Baumfamilie
  - 162 Kiefernholz
  - 163 Die Bedeutung für die Seele und Gesundheit
- **Anhang**
  - 164 Tabelle der heimischen Holzarten
  - 168 Ein Netzwerk
  - 172 Nachwort
  - 175 Serviceformular
  - 176 Danke
    Impressum

Vorwort

Zur ersten Auflage

Schon Goethe hat das Wesen der Farben gekannt und für sich selbst genutzt. Die Farben seiner Wohnräume waren der jeweiligen Tätigkeit angepasst. Der alte Meister hat es verstanden, vom blauen Salon bis zum roten Zimmer die Wirkung der Farben als Lebenskraft für sich selbst zu nutzen.

Weiß bis gelb, orange und rot, vom Braun bis zu Grün- und Blautönen, all diese Farben sind in den verschiedensten Formen, ruhig und bunt, zart und kräftig, in den Hölzern unserer heimischen Bäume zu finden. Können wir uns bei der Holzauswahl für einen Tisch, den Fußboden oder das geplante Holzhaus die Wirkung verschiedenfärbiger Hölzer ebenso zur Hilfe machen? Oder gibt es da noch mehr Zusammenhänge und Geheimnisse, die spannend zu erforschen sind und deren Nutzung den Lohn der Lebensfreude und Gesundheit bringt?

Eines vorweg: Holz mit Farbwirkung gleichzusetzen ist zuwenig. Holz kommt von Bäumen, von Lebewesen, die Jahresring für Jahresring Jahrzehnte und Jahrhunderte treu aufzeichnen. Sonnenglut und Grundgestein, Föhnsturm und Neuschneelast, kühler Schatten und Spätfrost, sind nur eine kleine Auswahl der Naturgewalten und Energien, die durch das Holz in unsere Wohnung und in unser Leben wirken. Auf den ersten Blick mag es wie eine kühne Behauptung aussehen, dass Holz auf diesem Wege Heilung und Kraft, Freude und Ausgeglichenheit in unser Leben bringt.
Ganz einfach, vor allem mit praktischen Beispielen – von Menschenhand Geschaffenem – möchte ich Sie zu diesen Erkenntnissen, zu alten und neuen Weisheiten führen. Zu bemerkenswerten, spannenden Lösungen und kuriosen Lebenswegen ebenso wie zu Menschentypen, zu ihren uralten und neu gelebten Geheimnissen, zu hölzernen Kunstwerken und High-Tech Produkten, die für sich selbst sprechen.

Warum habe ich nicht längst den Baum ausgewählt, der mir am meisten hilft?
Warum soll ich mein Haus noch heizen, wenn das auch mit der Sonne geht?
Warum soll ich mein Holz noch (mit Gift) streichen, wenn das überflüssig ist?
Warum sollen meine Kinder mit Plastik spielen, wenn es auch Holz gibt?
Warum in die Ferne schweifen, wo das Gute vor der Haustüre in unseren Wäldern liegt?

Zur Beantwortung dieser und noch vieler anderer Fragen will ich Ihnen mit diesem Buch Anregungen und Informationen geben.

Erwin Thoma

Zur dritten, überarbeiteten Auflage

Holz, das unseren Herzschlag so beruhigt, dass wir in einer einzigen Nacht die Herzarbeit einer ganzen Stunde einsparen.

Neumondholz, das in der Bewitterung wesentlich länger hält und auch statisch um zwanzig Prozent belastbarer ist; die Erweiterung um zwei wunderbare Bäume – Lindenbaum und Nussbaum – diese Neuigkeiten und Ergänzungen lassen im Vergleich zur ersten Auflage ein beinahe neues Buch entstehen. Tatsächlich gelingt es immer mehr, die Geheimnisse der Bäume zu erkennen und zum Wohle der Menschen im täglichen Leben umzusetzen. Holz wird immer mehr zu einem wichtigen und unabdingbaren Faktor für die Seele und Gesundheit der Menschen.

Auf dem Weg, sich von Ihrem Lieblingsbaum begleiten zu lassen und mit den Geheimnissen der Bäume selbst besser zu leben, wünsche ich Ihnen von Herzen alles Gute und viel Freude beim Lesen, Entdecken und Nutzen dieser verborgenen Schätze.

Erwin Thoma
Goldegg, im Mai 2004

Der Bergahorn

WER EILT, DER HAT KEIN GLÜCK

Thoma-Vollholzboden in Ahorn bunt

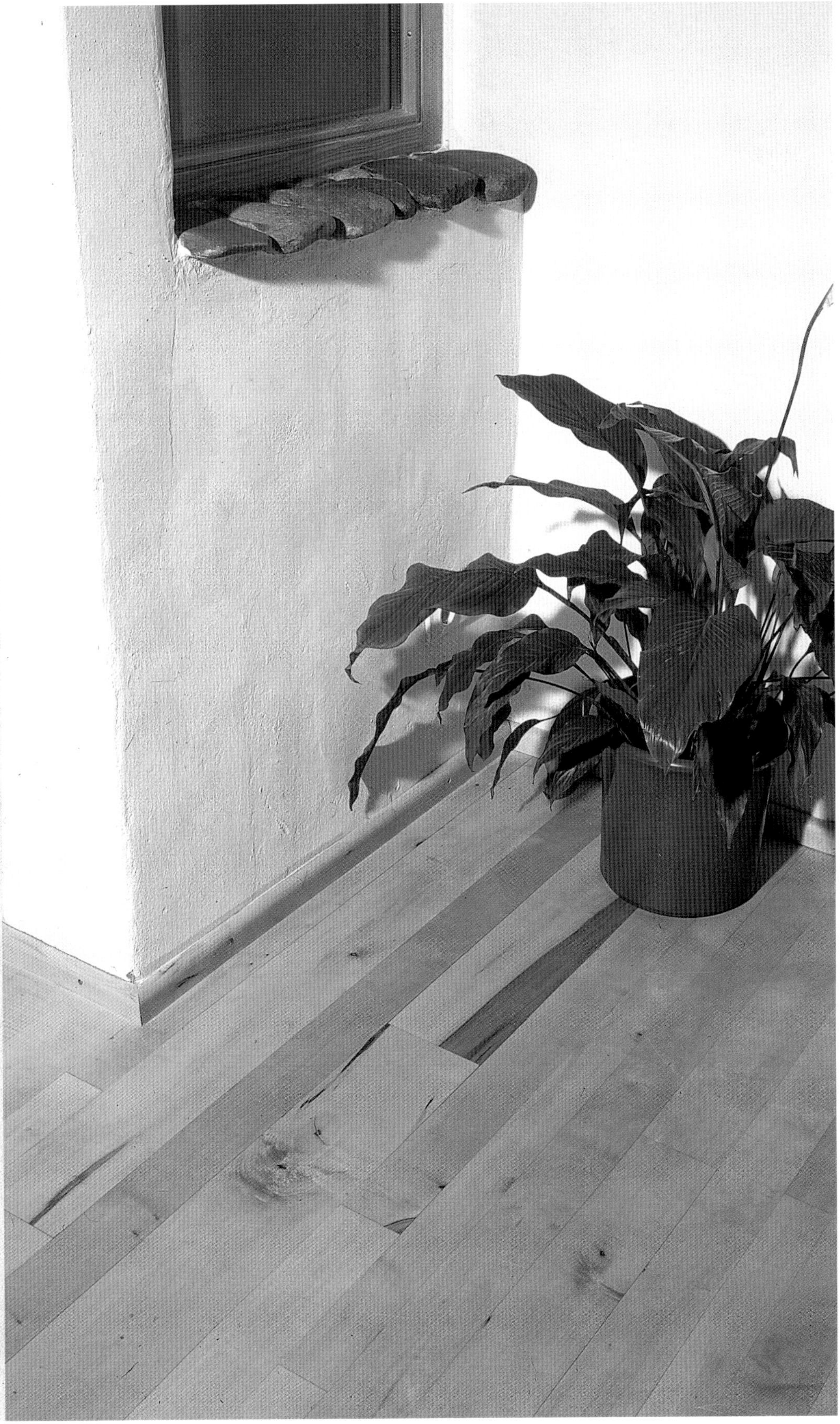

DER BERGAHORN
Wer eilt, der hat kein Glück

Meiner Frau verdanke ich es, dass ich als junger, frisch gebackener Förster eine damals wohl einmalige Chance ergreifen konnte. Mit gut zwanzig Jahren erschien der Gedanke an ein eigenes Forstrevier, das man als Revierförster betreuen konnte, geradezu verwegen. Alle Posten im Staatsbetrieb waren besetzt, und es warteten genug Dreißig- und Fünfunddreißigjährige auf ihre Möglichkeit.

Doch diese vorerst aussichtslose Situation bremste meine Sehnsucht nach einem Wald, in dem ich eigene Vorstellungen umsetzen konnte, keineswegs ein. Im Gegenteil, es war wie mit den verbotenen Früchten in Nachbars Garten. Die Dinge, die man nicht haben kann, sind immer besonders verlockend und kostbar.

Kein Wunder also, dass es mich elektrisierte, als ich in der Forstverwaltungskanzlei von einem ausgeschriebenen Revier hörte, für das kein Bewerber zu finden war, weil es so abgelegen ist und vor allem keine Förstersfrau bereit war, diese Einsamkeit auf sich zu nehmen. Die Lebensumstände, die dort geboten wurden, erschienen wirklich etwas abenteuerlich.

Obwohl im österreichischen Karwendelgebirge gelegen, konnte das Forsthaus nur über Deutschland erreicht werden. Vom Forsthaus aus war das nächste Geschäft vierzig Kilometer entfernt. Zum Bahnhof Jenbach musste man sechzig Kilometer fahren und zum zuständigen Gemeindeamt Vomp im Inntal waren 80 Kilometer zu bewältigen. Der Winter dauerte im Durchschnitt sechs Monate und war so schneereich, dass man oft tagelang von der Umwelt abgeschnitten war. Die Stromversorgung kam damals noch von einem uralten E-Werk am Tortalbach, dessen bescheidener Strom im wasserarmen Winter die Glühbirnen manchmal nur bis zum romantischen Schein eines winzigen Kerzenlichtes versorgen konnte.

Erst Jahre später konnte ich es begreifen, was meine Frau damals für mich und unsere Familie, die in diesem Tal wachsen sollte, auf sich genommen hat. Vom ersten Moment an ließ sie keine Zweifel entstehen. Wir haben uns versprochen, dass wir gemeinsam durch Dick und Dünn gehen und dabei sollte es bleiben, auch wenn die Reise in die Hinterriß führt.

Als sie dann zum ersten Mal mit mir in die neue Heimat fuhr, war die Sache schon besiegelt und der Übersiedelungswagen kurvte mit dem bescheidenen Hausstand hinter uns her. Da wurde es schon ruhig im Auto, als die letzten Häuser im Achental hinter uns lagen und dann zehn, zwanzig, dreißig Kilometer lang, außer Wald, Wasser und Berge kaum eine menschliche Behausung zu sehen war. Irgendwann erkundigte sie sich doch, wie lange das wohl noch so dahingehen würde. Durch die unbekannte, enge und kurvige Straße, die sich zwischen dem Bach und den Bäumen den Weg bahnte, erschien ja jeder Kilometer doppelt so weit. Da öffnete sich plötzlich der Wald, eine kleine Wiese und das Forsthaus, ein Blockhaus an der schmalen Straße, begrüßten uns in der Einsamkeit.

Jeder Tag war voller Überraschungen

Mit uns kam Leben in dieses Haus, dessen Wände alte Zimmerleute vor über 100 Jahren noch mit dem Handbeil aus runden Stämmen gehackt haben. Unsere Familie gedieh in den hölzernen Wänden und sie ist bald auf stolze fünf Köpfe herangewachsen.

Hühner, Schafe und Ziegen versorgten uns mit dem Notwendigsten. Meine Frau wurde sozusagen nebenbei zu ihrem erlernten Drogistenberuf noch eine ausgezeichnete Bäckerin und Bäuerin, Kinder- und Tierärztin, Köchin, Schneiderin und Friseurin.

Und was habe ich dabei getan? Meine Begeisterung kannte keine Grenzen. Hinter dem Forsthaus begann mein Revier: Zehntausend Hektar Bäume und Berge, Wildbäche und Felswände, einsame Täler mit scheinbar vergessenen Urwäldern und verschneite Gipfel.

Riesige Almflächen waren drei bis vier Monate im Jahr mit Leben erfüllt. Glockengebimmel, Schreie der Senner und manch uriges Gesicht tauchte im Juni zur Sommerweide auf, um im September mit den Viehherden wieder zu verschwinden und den menschenleeren Hochtälern des Karwendelgebirges ihre einmalige Stille bis zum nächsten Juni wieder zurückzugeben.

In den ersten Wochen und Monaten begann mein junges Försterblut zu kochen. Jeder Tag war voller neuer Überraschungen und Aufgaben. Alles wollte ich perfekt und möglichst sofort erledigen. Voll Ehrgeiz und

Ambition schreckte ich vor keiner Arbeit zurück und nahm mir meist am Morgen ein Tagesprogramm vor, das vernünftig in drei Tagen zu bewältigen gewesen wäre. Ich wollte meine Arbeit gar nicht erst in dringende und weniger dringende Aufgaben einteilen. Einfach alles sollte in Angriff genommen werden. Kein Winkel des Waldes sollte warten, bis er von mir betreten wird, kein Grenzstein sollte unentdeckt bleiben. Es gab kaum einen Tag, an dem ich vor Einbruch der Dunkelheit zurück in das Forsthaus gekommen wäre. Und schlechtes Wetter kannte ich ohnedies nicht. Dafür waren ja der Hut und der Lodenmantel gemacht.

An so einem Tag führte mich mein Weg auf die Hasental-Alm. Der VW-Käfer blieb beim Rißbach stehen und ich stieg zügig durch den Wald auf die Weideflächen der Alm. Die Einteilung der Almen in zwei oder drei Höhenstufen kannte ich von meiner Salzburger Heimat. Da gab es die tieferen Grundalmen, auf die das Vieh aufgetrieben wurde, sobald das Gras wuchs und die ersten Almmatten grün wurden. Hier blieben Sennerinnen, Senner und ihr Vieh so lange, bis es auch auf den höher gelegenen Hochalmen warm und grün wurde. Nach dem Hochsommer auf der Hochalm ging es Ende August oder Anfang September wieder zurück auf die Grundalm. Das Gras, das in der Zwischenzeit dort gewachsen war, hielt die Almleute mit ihrem Vieh dann noch einige Wochen auf, bis der Almabtrieb das ganze Volk wieder bergab in die Bauernhöfe ins Tal brachte. Dieses Bewirtschaftungsprinzip wurde hier im Karwendelgebirge genau gleich betrieben.

Nur manche Ausdrücke unterschieden sich im Tirolerischen zu denen meiner Salzburger Heimat. Die Grundalm war hier der »Niederleger«, die Hochalm der »Hochleger« und wenn es manchmal noch eine Zwischenstufe mit Stall und Almhütte gab, so wurde diese der »Mitterleger« genannt.

Durch meine Bergtouren auf die höchsten Gipfel Europas war ich damals gut trainiert und war mit Rucksack und Stock an der Hütte des »Niederlegers« förmlich vorbeigesprungen, als gerade die Stalltüre aufging und wohl eines der markantesten Gesichter herauslugte, die ich in all den Jahren im Karwendelgebirge kennen lernen konnte.

Auf der Hasental-Alm

Ich wusste bereits, dass es auf der Hasental-Alm keine Sennerin gab. Zwei alte Männer besorgten dort oben das Almgeschäft, schauten auf das Vieh und die Zäune, trugen die Steine von den Weideflächen weg, besserten die Hütten aus und kochten in dem schwarzen Kessel, der ober dem offenen Feuer in der Hütte hing. Ich hatte schon gehört, dass dort oben alles beim Alten geblieben ist. Das Leben verlief genau gleich wie vor einhundert, zweihundert oder vielleicht auch wie vor fünfhundert Jahren. An der Hütte war ich schon vorbei, als ich hinter mir das Knarren der aufgehenden Stalltüre hörte und in das Gesicht des alten Bergbauern schaute. Erst später habe ich erfahren, dass er zwei Hüte hatte. Einen für die Arbeit im Stall und einen für die Zeit am Berg. Aus dem Stall kommend erschien er jetzt natürlich mit dem Stallhut. Hut, das ist irreführend, denn die Form eines Hutes konnte nur mehr erahnt werden, ebenso war vom Filz, dem Grundmaterial jedes Sennerhutes keine Spur mehr zu sehen. Die jahrzehntelangen, vielfältigsten Ablagerungen eines Kuhstalles haben den Hut zu einem unbeschreiblichen graubraunen Klumpen geformt, unter dem nach allen Richtungen weiße Haare wild hervorquollen.

Der Mann war mit einem selten dichten Haarwuchs gesegnet. Bis an die Augen heran war jeder Zentimeter des Gesichtes von einem üppig schneeweißen Rauschebart bedeckt, der auch noch die Brust des Alten zu einem guten Teil überwallte. Nase und Stirn waren von der Sonne braun gegerbt und fielen unter dem ebenso braun beschichteten Hut kaum auf. Die Augen aber, die schienen mit der gebückten Gestalt gar nicht verwandt zu sein. Glasklar und hellwach blitzten sie aus der Wildnis zwischen Stallhut und »Hasentalbart« heraus, als hätten sie sich, jung geblieben, in das struppige Antlitz verirrt. »Hoi, griaß di, bischt Du der neue Förschter?« Ich wunderte mich, dass er das wusste. »Griaß di Gott, woher weißt Du das?« Die Gesichtszüge wurden gänzlich vom Bart verborgen. Nur an seinen Augen konnte ich ablesen, dass es ihn freute, mir diese Frage nicht zu beantworten. »Setz dich nieder zu mir!«

Diese Einladung kam mir gar nicht gelegen. Wie immer war mein Programm vollgestopft mit allen möglichen Vorhaben. »Hascht keine Zeit? Fliegscht immer herum? G'rad deshalb setzt du di' jetzt her!«

Er sagte das nicht unfreundlich, aber bestimmend und ich nahm neben ihm auf dem verwitterten Holzbrett an der Hüttenwand Platz. »In Gottes Namen!«

Schweigen.

Ich rutschte nervös hin und her. Er aber war zu keinem Gespräch zu bewegen. Da packte mich die Wut und ich dachte mir »das kann ich auch!«

Schweigen.

Ich schaute ins Tal. Vor unseren Füßen breitete sich ruhig ein einzigartiges Kleinod der Alpen aus: Der Talschluss des Rißtales, der als großer Ahornboden besser bekannt ist. Der mehrere Kilometer lange und einen halben Kilometer breite, ebene Almboden ist rundherum von einer wildromantischen Berg- und Felswandkulisse eingerahmt. Der Boden selbst wird von ungefähr 500 Jahre alten knorrigen Ahornbäumen in den wildesten Gestalten, jeder Einzelne ein Naturwunder für sich allein, besiedelt und bedeckt.

Das frische Ahornlaub leuchtete zu uns herauf und die Berggipfel strahlten noch, vom Frühjahrsschnee bedeckt, den Glanz der Firnfelder ins Tal.

Neben mir strahlte ein weißer Bart, der den Mund des Alten zudeckte.

Ich hörte auf, über meine Arbeit nachzudenken, vergaß das Warten auf das erste Wort meines Nachbarn und nahm mir endlich die Zeit, von hier oben die Ahornbäume »meines« Ahornbodens zu betrachten.

Gebückte, zerfurchte und zerrissene Baumgestalten waren sie, die ein halbes Jahrtausend lang Jahr für Jahr mit ihren Baumkronen den schottrigen Talboden bedeckten, ihn prägten. Von Stürmen gebrochen, vom Blitz zerfetzt, von Lawinen verletzt und bedroht, boten sie dem Besucher eine sonderbare Galerie, gefüllt mit bizarren Kunstwerken. Baum für Baum, eindrucksvolle, ehrwürdige Bilder, gezeichnet und geschnitzt von der rauen Hand alpiner Naturgewalten. Dennoch gab es in dieser Baumkulisse am hochgebirgigen Talboden keineswegs das Bild sinnloser Zerstörung, ausufernder, losgelöster Verwüstung. Jeder Baumstamm spiegelte das große Geschehen um ihn herum im Kleinen wieder. Abbrüche, Risse und Gräben gab es hier genauso wie Spitzen, Zacken und hohe Gipfel. Und nichts, gar nichts erschien zufällig. Nichts war umsonst.

Überall im kleinen Baumstammkosmos herrschte reges Leben. Es gab gaukelnde Schmetterlinge und emsige Ameisen, brummende Hummeln und schillernde Käfer, glänzende Spinnennetze und verborgene Vogelnester, prächtige Moospolster und fantasievolle Flechtenlandschaften, sie alle und noch viele andere besiedelten die Ahornstämme mit ihren urgeformten Körpern bis in die kleinste Ritze. Alles war hier eingeteilt, gut ausgemacht und perfekt organisiert. Wie in einem riesigen Uhrwerk göttlicher Schöpfung hatte alles seinen Sinn. Selbst unsere Kinder wurden jederzeit und unkompliziert in das Gefüge Ahornboden aufgesogen, sobald sie diese Bühne betraten.

Eins verschwand im hohlen Stamm, das Zweite wurde vom moosgepolsterten Sitz des kühn geschwungenen, dicken Seitenastes aufgenommen und das Dritte versank in einer riesigen Wurzel, die eine der letzten Lawinen mächtig aus dem Schotterboden gerissen und irgendwo scheinbar achtlos hingeworfen hatte.

Und die Ahornbäume. Sie lächelten mild und weise zu dem ganzen Geschehen, trieben nach den verheerendsten Unwettern selbst aus dem verstümmeltsten Stamm unbekümmert neue Knospen heraus und ließen Frühjahr für Frühjahr den ganzen riesigen Talboden zwischen den mächtigen Kalkbergen im zart jungfräulichen Hellgrün des neuen Laubes erblühen.

Herbst für Herbst spielten sie gleich dem Schlusssatz einer Sinfonie ihr mächtiges Konzert in gleißenden überwältigenden Gelbtönen, die im hellen Licht der klaren Herbstsonne glühten. Vom ganzen Tal ergriffen sie Besitz, durchwoben es für wenige Wochen, bestimmten es zur alleinigen Ahornbühne und ließen etwas Paradiesisches erahnen.

Danach, ach ja, danach wurde das Regiment mit beispielhaftem Gleichmut an den Winter übergeben. Er soll ruhig kommen und mit Eis und Schnee, Frost und Lawinen ein halbes Jahr regieren. Es sind ja doch wieder die Ahornbäume, an denen neue Muster, Eisblumen und Schneefahnen kunstvoll gezaubert werden.

Die schönsten Kristalle werden dort blühen, erstrahlen, damit sie nach kurzer Zeit zum unscheinbaren Wassertropfen geschmolzen werden, um klar und sauber von der kleinen Ahornwurzel aufgesogen und köstlich getrunken werden.

»Du, Förschter«, ertönte es nach einiger Zeit unerwartet neben mir in klobiger Tiroler Mundart, »wer eilt, der hat kein Glück!« Ich schaute in die Augen des alten Mannes und hatte das Gefühl, als würden sie lachen. Unser »Gespräch« war damit beendet, aber wir blieben noch sitzen.

Das rechte Maß

Immer wieder und immer öfter hat es mich zum Ahornboden gezogen um eine spannende Entdeckung zu machen. Eine halbe Stunde schweigend an der bemoosten, schuppigen Rinde meiner Bergahornstämme zu rasten, brachte mehr Übersicht, Klarheit und Ruhe in den Tagesablauf als so manche Hetzerei durch das Bergrevier. Die Betrachtung wurde zum Ritual.

Die knorrigen Bergahornbäume mit ihrem kühlen, weißen Holz in den Stämmen haben das heiße Försterblut beruhigt und wie fürsorgliche Begleiter für eine gute Tageseinteilung gesorgt. Arbeit und Muße, Schweiß und Erholung begannen wieder im rechten Maß zueinander ihren Platz einzunehmen.

DER AHORN IN DER BAUMFAMILIE

Sie gehören zu den knorrigsten und urigsten Gesellen des Bergwaldes, die uralten Bergahornstämme, die im Herbst mit ihren leuchtend gelben Blättern im Sonnenlicht aus den Mischwäldern lachen. Die Nadelbäume unserer Bergwälder sind froh und dankbar für den Nachbarn Ahorn. Er ist in der Lage, so manche Einseitigkeit auszugleichen. Seine Blätter bilden in höheren Regionen, in denen die Mutter Buche nicht mehr hinaufwachsen mag, den kostbarsten Humus. Seine Wurzeln gleichen die flache Bewurzelung der Fichte aus, sie erschließen viel tiefere Erdschichten der Berghänge und die jungen, zuckerhaltigen Triebe sind für alle vierbeinigen Waldbewohner einer der größten Leckerbissen des Jahres.

Der Ahorn ist der feine Herr der Baumfamilie, der sich den Sinn für schöne und poetische Formen und Farben bewahrt, aber trotzdem niemals überschäumt oder als weltfremder Fantast die Übersicht verliert. Seine Energien sind nicht zu unterschätzen, gehört er doch zu denen, die uralt, viele Jahrhunderte überdauern und eines der kostbarsten und härtesten Hölzer bilden.

Wirklich feine Herren sind »edel, hilfreich und gut« und tragen gern einige Geheimnisse mit sich herum. Unscheinbare Runzeln oder verwachsene Kreise an der Rinde gehören zu diesen Zeichen verborgener Schätze.

Wussten Sie, dass die Böden und Hälse der besten Meistergeigen aus Bergahornholz gefertigt werden? Freilich eignet sich zu solchem Kunstwerk nicht jeder beliebige Stamm. Geigenbauer suchen oft ein Leben lang nach diesem ideal geriegelten Stamm oder nach einem Vogelaugenahorn. Geriegelt wird eine besondere Wuchsform genannt, bei der die Fasern ähnlich der Haselfichte nicht gerade, sondern faltig, gewellt verlaufen. Solches Riegelholz ist ein wahres Wunderwerk der Natur. Fein geschliffen vermittelt so eine Oberfläche die Illusion, dass man eine gewellte Fläche vor den Augen hat. Und der Klang, so schwören die Kenner, ist unvergleichbar. Wie viel die Natur doch für Schönheit und Muße übrig hat. Den geriegelten Ahorn kann man von außen daran erkennen, dass die schuppige Haut nicht gerade, sondern wellig, in ehrwürdigen Runzeln den Stamm überzieht. Freilich, wie stark die geriegelte Struktur wirklich ist, dieses Rätsel kommt erst dann ans Tageslicht, wenn das Holz aufgeschnitten und poliert ist. Bis ein idealer, des Meisters würdiger Geigenstamm gefunden wird, werden oft tausende Ahornstämme begutachtet. Gelingt dann so ein Fund, dann wird er wirklich als kostbarster Schatz unserer Wälder ehrfürchtig gefeiert und dem Bau eines Instrumentes, wohl einem der wunderbarsten Holzverwendungszwecke zugeführt.

Ahornholz

Die großen, hellen Schuppen der Ahornrinde verbergen eines unserer edelsten Hölzer. Das Holz vom heimischen Bergahorn ist hell, beinahe weiß, sehr hart und strapazfähig. Neben den wunderbaren Klangeigenschaften verbirgt Ahornholz noch ein kleines Geheimnis:

Die Poren des Bergahorn gehören zu den Allerfeinsten. Für den Haushalt verbirgt sich hier eine fantastische Eigenschaft. Eine Tischplatte aus Ahorn braucht nicht gestrichen oder behandelt werden. Selbst schwierige Flecken wie etwa dunkelroter Wein hinterlassen ihre Spuren auf dem hellen Holz nur für kurze Zeit. Einige Tage Sonnenschein genügen und der Fleck ist wie von Zauberhand weggewischt und restlos verschwunden. Feucht wischen genügt als hygienische Pflege solcher Platten. Die Feinporigkeit des Holzes bewirkt auch ein ganz eigenes, samtig weiches Gefühl beim Betasten unbehandelter Holzoberflächen.

Durch diese Eigenschaften hat der Ahorn für alle, die gern mit unbehandeltem Holz leben, gerade im Möbelbau, etwa als Tisch- und Kommodenplatten einen angestammten Platz. Neben Meisterwerken im Geigen- und Flötenbau oder in der Bildhauer- und Drechslerei ist ein Fußboden aus massiven Ahorndielen eines der ganz großen Geschenke unserer Wälder. Lediglich in Bereichen, wo Holz ständig mit Wasser in Berührung kommt, soll man Ahornholz nicht verwenden. Der feine Herr liebt keine nassen Füße.

DIE BEDEUTUNG FÜR DIE SEELE UND GESUNDHEIT

Die Botschaft des Edlen aus den Bergen wird gerade in unserer hektischen Zeit immer wichtiger. Wer eilt, der hat kein Glück! Ja, »Weisheit« besteht nicht nur im Mitteilen, sondern auch in schweigender, vornehmer Zurückhaltung. Glück pflegt sich bekanntlich mit den Zügen der Einfachheit und der Ursprünglichkeit zu zeigen.

Der Ahorn ist der Baum der Besinnung. Gegenüber dem rasenden Stress und dem hektischen Getriebe unserer Zeit, das vor allem Herz und Nerven belastet, bildet der Ahorn den köstlich kühlen und ruhigen Gegenpol. Ahornholz ist ruhig und dauerhaft, energiereich, langmütig und ausgesprochen hart.

Die Energie des Ahorns ist nicht wuchtig und direkt – sie wirkt fein und mit Distanz. Menschen, die durch ihr Lebenstempo überhitzt, oder durch ein furchtbares Erlebnis gestresst und geschockt sind, finden beim hellen Ahornholz ihre Ruhe, den klaren Kopf und die Übersicht zur sinnvollen Ordnung des Tagesablaufes wieder.

Die alten Wirtshaustische mit ihren Ahornplatten beruhigen ihre Gäste und haben so manchen Raufhandel verhindert.

In der Volksmedizin ist die kühlende Wirkung des Ahorns gut bekannt. Bei Entzündungen, Insektenstichen oder geschwollenen Füßen, eben immer, wenn zu viel Hitze am Körper ist, werden gequetschte, frische Ahornblätter aufgelegt. Es ist auch möglich, die Ahornblätter vor dem Auflegen in Wein zu sieden. (Nach Hildegard von Bingen)

Die Zirbe

JEDEM WÄCHST SEIN BAUM

Thoma-Schalung in Zirbe

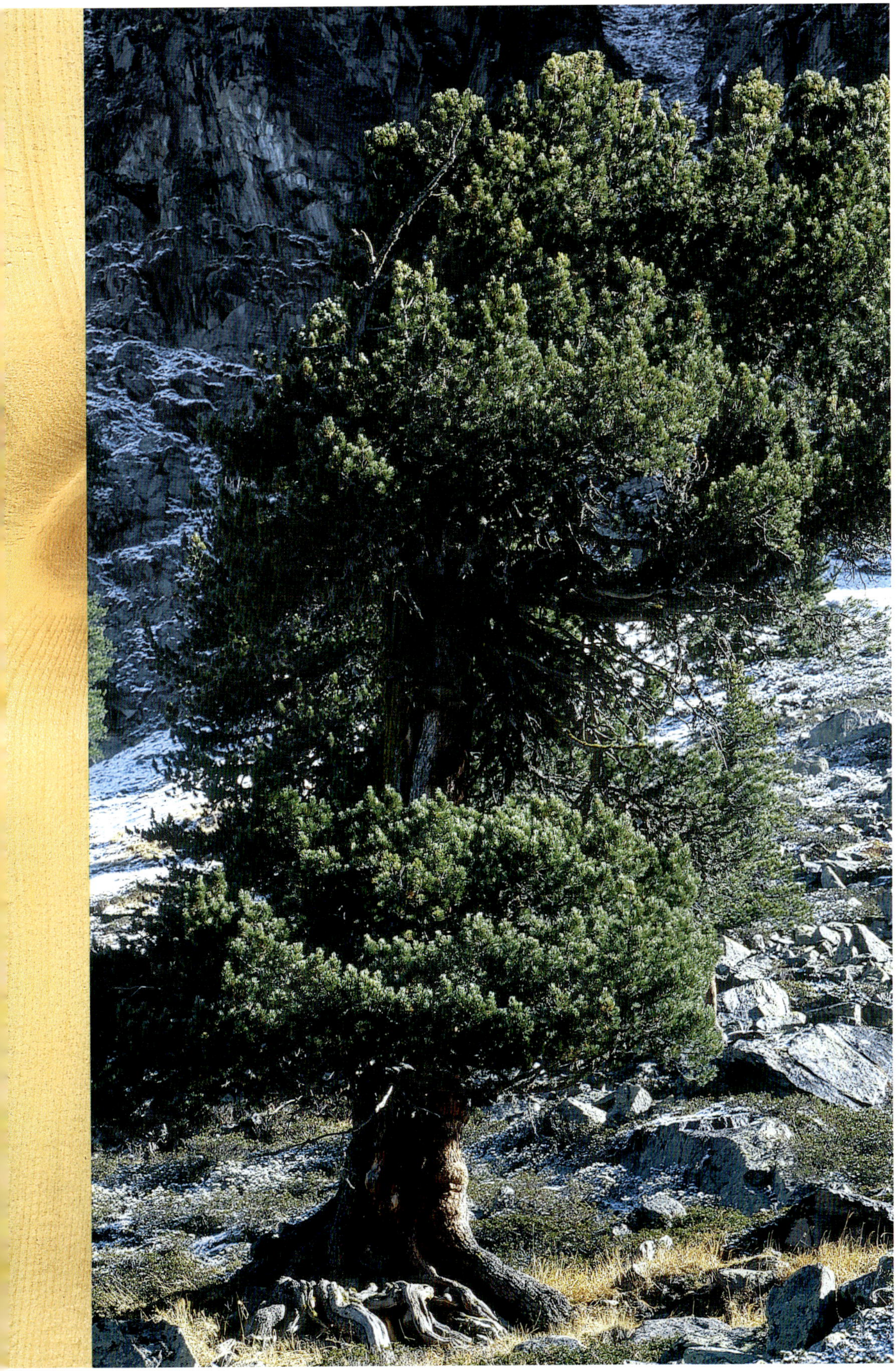

DIE ZIRBE

Jedem wächst sein Baum

Beim Abstieg vom »höchsten Salzburger«, dem Großvenediger mit seinem 3674 Meter hohen, vereisten Gipfel, wird der Bergsteiger unter der baumlosen Felsregion im Obersulzbachtal als erstes von einer mächtigen Zirbe begrüßt. Sie ist wohl zwischen 500 und 1000 Jahre alt. Ihre ganze Gestalt ist zu einem einzigen zerfurchten Zeugnis der Ausdauer und des Überlebens im härtesten Hochgebirgsklima geworden. Den umherliegenden grauen Granitblöcken und ihr, der alten Zirbe, ihnen ist gemeinsam die Jahrhunderte lange Wirkung von Wind und Wetter auf den Leib geschrieben. Trotz der kurzen Sommer, riesiger Schneemassen im Winter und hartem Klima, erfüllt die Zirbe hier unbeirrt ihre Aufgabe. Sie ist der höchstgelegene Posten des darunter liegenden Waldes. Jahr für Jahr breitet sie ihre Samen aus, schützt den darunter liegenden Wald vor Lawinen und bewahrt den Lebensraum der Bäume.

Bäume bilden gleich wie andere Lebewesen soziale Gefüge, Gemeinschaften, in denen die Aufgaben verteilt sind und einzelne Spezialisten ihre einmaligen Kräfte zum Wohle der ganzen Familie einbringen. So wie die Zirbe die Waldgrenze im rauen Hochgebirge absichert, trotzen andere mit mächtiger Kraft den Stürmen, bewahren mütterlich gute Böden, strahlen Ruhe und Kühlung, aber auch Lust und Freude aus. Im lebenslangen Wechselspiel mit den Herausforderungen und Aufgaben der Natur haben verschiedene Baumarten erstaunliche Fähigkeiten, Kräfte und geschickt angepasste Lösungen entwickelt. Bei der Beobachtung der Baumfamilie und ihrer Aufgabenverteilung breitet sich eine vielfältige Reihe kostbarer Eigenschaften vor unseren Augen aus.

Kraft, Freude und Gesundheit

Ist es für uns Menschen möglich, von den Baumgestalten und ihren Kräften zu lernen und Einsicht zu gewinnen? Kann es gelingen, ihr Dasein brüderlich und genussvoll in das eigene Leben zu integrieren, ja daran zu gesunden?

DIE ZIRBE JEDEM WÄCHST SEIN BAUM

Die Kräfte der Bäume, die sie vor allem aus ihren Aufgaben innerhalb der Waldfamilie schöpfen, wirken auf uns Menschen genau gleich, wie der Wind und das Wasser, die die härtesten Felsen formen und glätten. Im ersten Augenblick scheint der Gedanke, von einem Baum Kraft, Freude oder Gesundheit zu bekommen, für viele rational denkende Menschen als unmöglich, mitunter lächerlich. Gleich unvorstellbar wie der Wassertropfen, der auf den ersten Blick niemals die Form des harten Granits verändern kann.

Dennoch wird in beiden Fällen eine überraschende Wirkung erzielt, wenn wir nur das Gesetz der großen gestaltenden Kraft zulassen: Feine Dosierung, die beständig verabreicht wird!

Wer sich im Leben von Bäumen begleiten lassen will, muss nicht übertreiben und zum Einsiedler im Wald werden. Im Gegenteil, der tägliche Blick zu einem Baum, dessen Kräfte man wünscht, wirkt langsam, aber unwiderstehlich. Steter Tropfen höhlt den Stein. Ein einziger, kurzer Wasserschwall verändert wenig. Die Größe des Tropfens ist nicht entscheidend. Auf die Beständigkeit kommt es an. Beständigkeit im Umgang mit der Natur, mit Bäumen und Holz kann viele Gesichter haben. Der wiederkehrende Spaziergang und die Rast bei einem besonderen Baum gehören hier genauso dazu, wie die tägliche, schlichte Beobachtung einer Baumkrone im Wandel der Jahreszeiten. Still und unbewusst werden dabei erwünschte Fähigkeiten und Eigenschaften dieses besonderen Baumes in unser Herz und auf unseren Charakter übertragen.

Wenn Sie sich zum Beispiel die Ausdauer und kluge Nachgiebigkeit der Zirbe wünschen, müssen Sie nicht verzagen, wenn Sie in Ihrer Stadt den Hochgebirgsbewohner nicht finden können. Die wirkungsvollste Art, auf einfache Weise und überall den Kontakt zu seinem Baum zu halten und seine Kräfte zu nutzen, ist die Verwendung des Holzes.

Umgeben Sie sich dort, wo Sie sich am meisten aufhalten, also in Ihrer Wohnung, mit dem Holz »Ihres« Sympathiebaumes. Die Möglichkeiten sind vielfältig. Lassen Sie sich Möbel anfertigen, Fußböden legen, Wände und Decken verkleiden und wenn es geht, ein Haus aus gutem Holz bauen. Ohne Mühe können Sie auf diese Art mit und in Ihren Bäumen leben und alle segnenden Wirkungen der Natur unbewusst in Ihr Leben einbringen.

Die Zirbenholzstudie

Es ist nun sieben Jahre her, seit ich die erste Auflage dieses Buches geschrieben und veröffentlicht habe. Genau zu diesem Thema hat nun das renommierte Forschungsinstitut Joaneum Research, angesiedelt bei der Universität Graz, die Ergebnisse eines wissenschaftlichen Forschungsprojektes veröffentlicht. Die Ergebnisse können jedes Menschenherz, das »für Holz schlägt«, nur freuen:

Die Grazer Untersuchung prüfte nach streng wissenschaftlichen Grundsätzen den Einfluss von Zirbenholz im Schlafzimmer auf die menschliche Schlaf- und Erholungsphase, außerdem die antibakterielle Wirkung von Zirbenholzoberflächen und die traditionell überlieferte Abwehr- und Konservierungswirkung von Zirbenholz gegen Kleidermotten.

Die Antworten aus der Wissenschaft:

Zirbenholz wirkt antibakteriell und schützt gegen Mottenbefall. Während zum Beispiel auf Kunststoffoberflächen Bakterienstämme lange überleben und sich sogar vermehren können, sterben diese auf der Zirben-Holzoberfläche nach kurzer Zeit ab.

Auch Motten können sich überall an anderen Orten besser entfalten als im Zirbenholzschrank. Dafür gibt es nun die unwiderlegbare Bestätigung der Wissenschaft. Für Holzkenner ist das erfreulich, aber keine große Überraschung.

Für die wirklich große Überraschung sorgten die Schlafforscher.

Mit modernsten medizinischen Messgeräten wurden Personen rund um die Uhr vermessen und dabei der Schlaf im Zirbenholzzimmer mit dem Schlaf in Räumen mit Holzlaminaten (das sind Kunststoffoberflächen mit dem imitierten Muster von Echtholz) verglichen.

EKG und Pulsmessungen zeigen uns den Unterschied. Beim Schlaf im Echtholzzimmer beruhigt sich das Menschenherz so sehr, dass es im Durchschnitt pro Nacht um 3500 weniger Herzschläge ausführt als in den anderen Räumen. Umgekehrt, steht dann den besser ausgeruhten »Zirbenholzschläfern« am anschließenden Tag in den messbaren Energieströmen deutlich mehr Lebensenergie und Konzentrationsfähigkeit zur Verfügung!

Im Zirbenholzzimmer schlafen, bedeutet – wissenschaftlich gesichert – pro Nacht die Arbeit des Herzens von einer Stunde einzusparen und am Tag mehr Energie und Konzentrationsfähigkeit zur Verfügung zu haben.

Leider ist dieser Versuch bisher nur mit Zirbe und noch nicht mit anderen Hölzern wie Fichte, Tanne, Lärche, Zeder oder Laubhölzer gemacht worden. Ich gehe davon aus, dass die beruhigende Wirkung vor allem von der Echtholzoberfläche ausgeht und erwarte von anderen Bäumen, insbesonders von Nadelhölzern ähnlich positive Wirkungen.

Wenn ein Mensch sein Leben lang – nehmen wir 80 Jahre an – im Echtholzzimmer ohne Kunststoffoberflächen schläft, so erspart er sich rechnerisch betrachtet die Herzarbeit von rund dreieinhalb Jahren. Da wird das natürliche Leben mit Holz zum Gesundbrunnen.

DIE ZIRBE JEDEM WÄCHST SEIN BAUM

Die Zirbenholzstudie ist ein Meilenstein am Weg zu einem neuen Verständnis zwischen Wissenschaft, Technik und Natur. Jahrelang haben Menschen geglaubt, alle Probleme mit moderner Technik, Wissenschaft und Medizin lösen zu können. Die Weisheit der Natur galt als altmodisch, verstaubt und überholt.

Heute erleben wir, dass gerade seriöse Wissenschaft den Menschen wieder mehr und mehr helfen kann, zu den Schätzen der Natur zurück zu finden und neue, ganzheitliche und naturnahe Denkmodelle und Verhaltensstrategien zu entwickeln. Reines Wasser, intakt bewirtschaftete Wälder und gesunde Nahrung sind unsere wertvollen Geschenke der Schöpfung auf diesem Weg.

Welche Fragen wirft nun die Zirbenholzstudie unmittelbar auf:

- In welchem Zimmer schlafen Sie?
- Wieso gibt es überhaupt noch Möbel aus anderem Material als unbehandeltem Massivholz?
  (Hölzerne Zimmer in Krankenhäusern sind in den meisten Ländern dieser Welt unter dem Titel »Hygiene« verboten. Stattdessen werden aber nachweisbar Materialien verwendet, auf denen sich Bakterien wesentlich wohler fühlen und vermehren.)
- Wie sieht es in Schulen, Kindergärten und auf unseren Arbeitsplätzen aus?
- Mit welchem Material sollen wir in Zukunft unsere Häuser bauen?

Ein Massivholzhaus ist nur mehr geringfügig teurer als ein herkömmliches Haus. Bei Möbel hingegen gibt es deutliche Preisunterschiede, dafür beträgt die Lebensdauer von Massivholzmöbeln ein Vielfaches im Vergleich zu Billig-Spanplattenmöbel. Über die gesamte Lebensdauer betrachtet, ist die Massivholzlösung immer die Preiswerteste, Gesündeste und Schönste.

Nur wir – die Konsumenten und Bauherren haben es in der Hand, ob wir unser Haus, unseren Schrank, das Kinderzimmer, den Tisch und den Stuhl aus schönem gewachsenen Holz anfertigen lassen, ob wir uns die Bäume mit ihrer Wirkung in unser Leben, für unser Wohlbefinden und in unsere Seele holen, oder ob wir uns mit Wegwerfmüll abspeisen lassen.

Den Wald pflegen, nachwachsendes Holz ernten, Massivholz kaufen, mit Holz leben – das bringt Gesundheit, Kraft, Lebensenergie und Segen.

DIE ZIRBE ZIRBENHOLZ

Zirbenholz

Das Gesicht alter Zirben ist zerfurcht und wirkt oft kämpferisch. Dennoch verbirgt die raue Schale einen weichen Kern. Schnitzer lieben dieses butterweiche, samtige Holz, aus dem wunderbarste hölzerne Kunstwerke entstanden sind. In der Wohnung kommt Zirbenholz vor allem für Möbel und Wandverkleidungen in Frage.

Das anfänglich helle Holz nimmt im Laufe von Jahrzehnten unter Lichteinfluss immer dünklere Rottöne an.

Ein wirklich großartiger und praktischer Nutzen ergibt sich aus den ätherischen Ölen, die das Zirbenholz enthält. In Zirbentruhen und Schränken sind Getreide, Lebensmittel, aber auch Kleider vor Wurm und Motten gut geschützt. Das Ungeziefer mag den Geruch der Zirbe nicht. Diesen Vorteil machten sich unsere Vorfahren in den Alpen schon seit Jahrhunderten zum Nutzen.

DIE BEDEUTUNG FÜR DIE SEELE UND GESUNDHEIT

Wer sich das raueste Hochgebirgsklima aussucht und ganz oben an der Waldgrenze noch gut zurechtkommen will, der braucht eigene Überlebensstrategien. Zirben sind wahre Meister in der Anpassung an ihre raue Umwelt. Unter Lawinen und Schneeschub geben die jungen Bäumchen nach, legen sich um und richten sich im Frühjahr wieder auf. Die warmen Sommertage, die Wachstum und Entwicklung bedeuten, sind nirgendwo kürzer (und geringer an der Zahl) als im hohen Zirbenwald. Ausdauer ist hier angesagt. Geduldig zu sein und ohne Hast, das Ziel niemals aus den Augen verlieren, auch wenn die Stürme noch so wild brausen und der eisige Winter endlos erscheint, das ist ein Geheimnis der Zirbe. Mit dem richtigen Tempo, ruhig und Schritt für Schritt durch das Leben und all seinen Aufgaben zu gehen, ist gerade in unserer hektischen Zeit nicht immer leicht. Die Zirbe ist dabei ein hilfreicher und verlässlicher Begleiter. Darüber hinaus lehrt sie uns noch das kluge Nachgeben. Sich unter einer plötzlich hereinbrechenden Lawine zu biegen, sein Ziel dabei nicht zu vergessen und im Frühjahr unverletzt wieder aufzustehen, ist viel besser als manch sinnloser Kampf, der mit Schrunden und Verletzungen endet.

Ihre Botschaft und ihr Geheimnis vom Leben in den Bergen vermittelt die Zirbe nicht nur durch ihr Holz mit den dunklen Ästen. Wie kein anderer Baum spricht sie unsere Seele auch über den Geruchssinn an. Zirbenholz behält über Jahrzehnte seinen ganz eigenen, überaus angenehmen Duft der von ätherischen Ölen im Holz herrührt und jedem Wohnraum seinen eigenen Zauber verleiht.

Die Linde

DER SCHNITZENDE MÖNCH

Thoma-Möbelholz in Linde

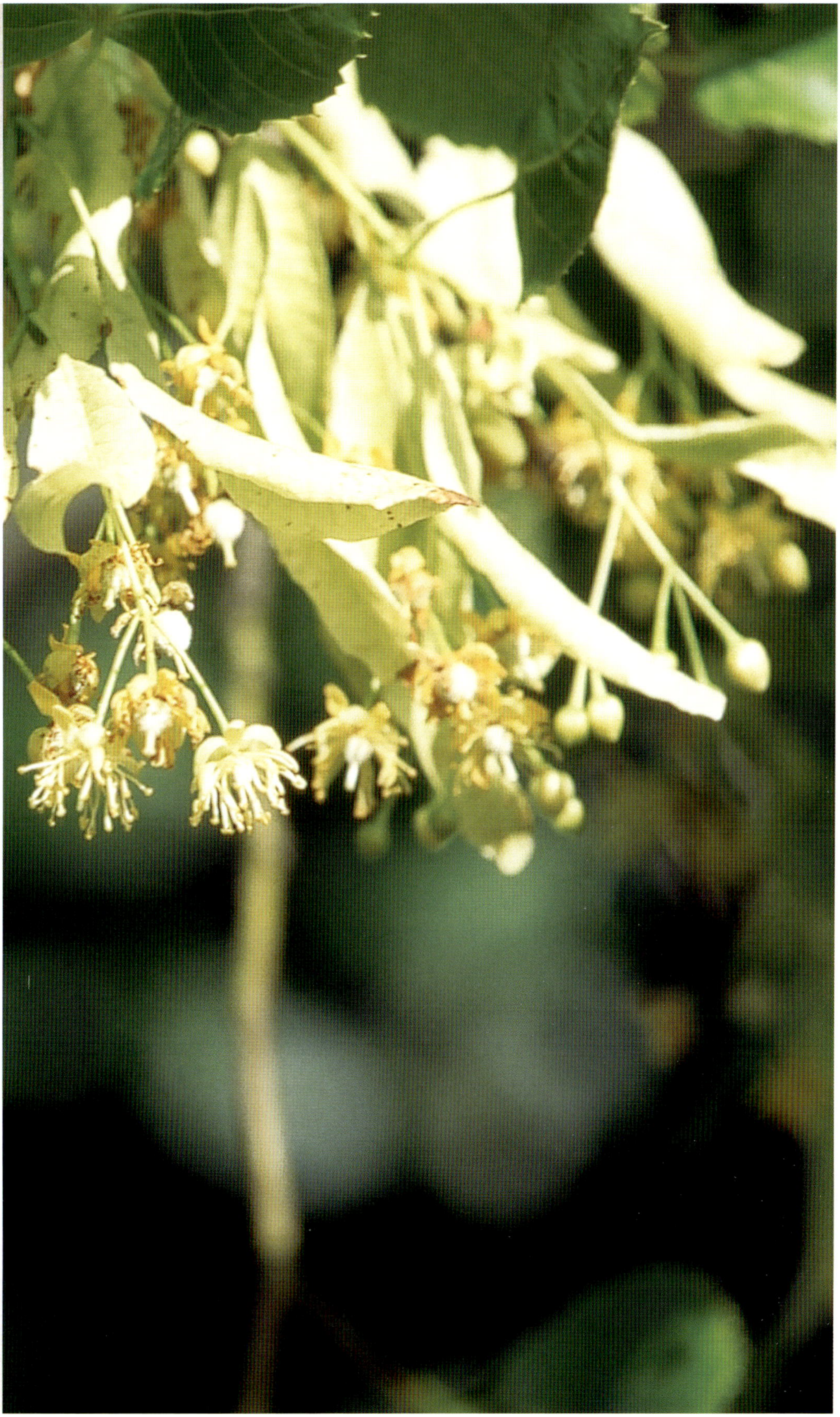

DIE LINDE

Der schnitzende Mönch

Bloß fünf Minuten vom Gartenzaun des Elternhauses entfernt, ragten flechtenbewachsene, mehrere Meter hohe Steinmauern aus der grünen Wiese heraus. Graue und schwarze Felsbrocken wurden hier vor langer Zeit von Hand zum abgrenzenden Wall zusammengefügt. Ein Dach aus schrägen Granitplatten hielt die unvermeidliche Verwitterung, so gut es ging, von der Mauer fern. Außen am Fuße, im Schutz dieser Mauer, bildete sich ein besonderer Ort. Im Frühling ging hier der Schnee als erstes weg. Später im Windschatten und der Wärme der grauen Granitblöcke wurde es hier schon grün, während die Wiesen rundherum noch braun den kalten Winden ausgesetzt waren.

Die ersten Blüten, die Schmetterlinge, die kunstvollen Muster der Flechten – außen an ihrer Südseite, bot diese Mauer dem genauen Betrachter eine kleine Welt der Geborgenheit. Die unerwartete Welt am Fuße einer Mauer, die von der Ferne betrachtet, grau, und klippig aus der Wiese ragte.

Und dahinter? Jahre meiner Kindheit erfuhr ich nur ganz wenig vom Kloster, das hinter diesen Mauern von uns »normalen« Leuten nicht betreten werden durfte. Zumindest dieser Teil des Klosters war für uns Buben tabu, ein verbotener Ort im kleinen Dorf.

Das Kloster St. Anton

Sonst war das Kloster St. Anton in unserem Leben natürlich allgegenwärtig. Das nicht nur, weil es zu unseren selbstverständlichen Aufgaben gehörte, am Sonntag die Messe in der Klosterkirche zu besuchen. Nein, das Kloster St. Anton war in diesen Jahren eine sonderbar vielschichtige Welt. Sonderbar war allein schon die Tatsache, dass sich in diesem winzig kleinen Klosterdorf gleichzeitig ein katholischer Frauenorden sowie ein von Mönchen besetztes männliches Franziskanerkloster befanden. Selbstverständlich waren die Ordensleute, Männer und Frauen, die ihr strenges, katholisches Zölibat leben sollten, baulich durch Mauern getrennt. Dennoch blieben alle dazu verurteilt, eng beisammen, in einigen wenigen Gebäuden ihr Leben abzuwickeln. In der einzigen Kirche wurde gemeinsam die Messe gefeiert. Die gemeinsame Küche ernährte alle miteinander. Es gab viele Orte und Wege, die alle Klosterbewohner zwangsweise und regelmäßig zusammenführten.

Uns Buben kümmerten diese Überlegungen aber wenig. Für uns war die Welt rund um das Kloster viel interessanter. Die Nonnen betrieben ein Kinderdorf. Dort gab es gleichaltrige Mädchen und vor allem Buben, die genauso wie wir ihre Banden gründeten, sich mit uns rauften und später wieder gemeinsam etwas anstellten. Zum Kloster gehörte auch eine Landwirtschaft mit Ställen, Geräteschuppen, Werkzeug, Knechten, Mägden, Gärten, erlaubten und verbotenen Wegen. Zu den erlaubten Wegen zählte der damals noch geschotterte Weg von meinem Elternhaus zur Klosterkirche. Am Eingang in das Gelände von St. Anton stand eine Kapelle, die links und rechts von zwei Lindenbäumen bewacht und überwachsen wurde. Diese beiden Bäume waren mit ihren dichten, undurchsichtigen Laubkronen für unsere Absichten ein strategischer Glücksfall.

Immerhin musste jeder, der nach St. Anton hinein- oder heraus wollte, an der Kapelle mit den beiden Lindenbäumen vorbei. Wenn also im kleinen Dorf sonst nichts los war, dann boten die Kronen der Linden immer eine Aufenthaltsmöglichkeit. Das allein schon deshalb, weil die Erlaubnis der Mutter sicher war, wenn wir sie baten, zur Kapelle gehen zu dürfen. Die Gute hat die Hoffnung niemals aufgegeben, dass aus ihren Lausbuben eines Tages, oder zumindest für den kurzen Zeitraum des Aufenthaltes bei der Kapelle brave und anständige Buben werden könnten. Brav und folgsam, so wie sich das alle Mütter samt den Nonnen im Kloster von den ihnen anvertrauten Kindern wünschten. Die Lindenbaumkronen am andächtigen Ort neben der Kapelle habe ich allerdings ohne religiöse Absichten, sondern vielmehr mit Blasrohr oder Steinschleuder bewaffnet, erklommen. Vermissen möchte ich die Zeit dort oben aber trotzdem nicht. Nie mehr habe ich später die Gelegenheit gehabt, tiefer in die Welt einer Lindenbaumkrone hineinzusehen.

Besonders die Zeit im Frühsommer zur Lindenblüte bleibt mir unvergesslich. Innerhalb einer Woche, so glaubte ich, haben sich alle Bienen und sonstigen geflügelten Insekten des Berges in den beiden Baumkronen versammelt. Die zartstieligen, unscheinbaren Blüten der Bäume zogen zuckersüß alle fliegenden Wesen in ihren Bann. Heerscharen von Insekten konnten den Überfluss trotzdem nicht verbrauchen. Einige Tage später wurden Blätter und Äste klebrig von Blütenstaub und Nektar überzogen.

Duftend, summend, zuckersüß wurden die kurzen Tage der Lindenblüte in den Kronen unserer beiden Beobachtungsbäume verzaubert. Obendrein bekam ich jedes Jahr in diesen Tagen noch den mütterlichen Auftrag, einen Sack Lindenblüten zu pflücken. Der Lindenblütentee zum Schwitzen war eine wohl bekannte Arznei, die unsere Mutter zur winterlichen Grippezeit verordnete.

Süß und heilsam, das waren also die ersten Eigenschaften, die sich mir in meiner Kindheit von der Linde, dem Baum mit den herzförmigen Blättern einprägten.

Pater Joachim

Einen ganz anderen Aspekt der Linde sollte ich nicht am Rande des Klosters, sondern drinnen in einer Mönchszelle kennen lernen. In den Jahren der sonntäglichen Kirchenbesuche haben wir uns daran gewöhnt, dass mancher Pater und manche Nonnen uralt und unverrückbar dieser Gemeinschaft zuzugehören schienen, als wären sie in diesem Ort eingemauert, gleich einem der harten Granitsteine in dem grauen Wall. Als kleinem Buben, der erst einige wenige Jahre auf dieser Welt verbracht hat, fehlte mir die Relation für längere Zeiträume. Die faltigen Gesichter einiger Nonnen, die ohne Gemütsregung so weit ober meinem Gesicht über mich hinweg – oder auf mich herabblickten, schienen von der Zeit unberührt zu bleiben. Umgekehrt erlebten wir aber auch immer wieder, dass neue Ordensleute auftauchten oder wohl bekannte Gesichter plötzlich weg waren. Über das Kommen und Gehen dieser Menschen wurde mit uns Buben nur wenig gesprochen. Unauffällig und still tauchten neue Gesichter hinter den bekannten Kutten auf, unauffällig und still gingen sie wieder – meistens.

Einer, der sich gar nicht an das ungeschriebene Gesetz der klösterlichen Stille hielt und auch manch andere Vorschrift missachtete, war Pater Joachim. Er kam in diese Gemeinschaft wie alle anderen – in brauner Mönchskutte, die von einem Hanfstrick um den Bauch zusammengebunden war. Damit hörte die Gemeinsamkeit zu seinen Mitbrüdern aber auch schon wieder auf. Pater Joachim war zum Priester geweiht. Mit seiner ersten Messe, die er in der kleinen Klosterkirche las, schaffte er es, unsere Bubenherzen ohne Einschränkung zu gewinnen – und im Kloster für einen kleinen Skandal zu sorgen.

Joachim, ein untersetzter Tiroler mit spiegelnder Glatze, breitem Gesicht und roter Schnapsnase bestieg zur besagten Predigt bedächtig die Kanzel. Er schwieg so lange, bis es in der Kirche mucksmäuschenstill war. Alle schauten erwartungsvoll zum neuen Pater auf die Kanzel hinauf. Sogar wir

Buben hörten hinten in unserer letzten Reihe mit dem üblichen Blödeln auf, steckten die Gummiringe, Taschenmesser und sonstigen Utensilien weg und beobachteten den schweigenden Mann. Mit seiner lauten Stimme, die aus einem mächtigen Brustkorb kam, erklärte Joachim, dass er hier, an einem Ort, an dem viel mehr Kinder als Erwachsene sind, mit einer Predigt für die Kinder beginnen wird.

Und dann stellte er mit kurzen Erklärungen alles auf den Kopf, was wir bisher in dieser Kirche gehört haben. Er versuchte uns zu erklären, was für uns Kinder Sünde ist und vor allen Dingen, was keine Sünde ist. Bei dieser Aufzählung begannen sich die Nonnen in den vorderen Kirchenbänken zuerst zu räuspern und später zu seufzen. Wir Buben hätten aber am liebsten laut geklatscht. Der Pater erklärte unbeirrt von diesen Nebengeräuschen: Schlechte Noten – keine Sünde! In der Schule durchfallen: keine Sünde! In die Kirche gehen vergessen: kann passieren, wird verziehen! Und das allerbeste: Buben, die nichts anstellen, sind vermutlich gestört. Richtig gehört! Buben sind manchmal schlimm – absolut keine Sünde! Das ist normal. Wir konnten das Ende der Messe nicht mehr erwarten. Wandlung, Kommunion – das haben wir gar nicht mehr richtig mitbekommen. Niemand von uns hatte sich zu träumen gewagt, dass es so einen unvorstellbar lässigen Pater auf der Welt gibt. Und ausgerechnet der kommt zu uns nach St. Anton.

Buben müssen etwas anstellen, sonst sind sie nicht gesund! Wir sind nach der Messe nach Hause gerannt, so schnell uns die Füße tragen konnten und erzählten alle durcheinander mit verschwitztem Gesicht und roten Ohren, was der neue Pater gepredigt hat.

Über die unglaublichen Jahre des Pater Joachim in St. Anton könnte ein ganzes Buch gefüllt werden. Er schaffte es tatsächlich, das Klosterleben bis in den hintersten Winkel auf den Kopf zu stellen. Eines blieb dabei ungebrochen erhalten: unsere Begeisterung und Verehrung für den Pater. Ich erinnere mich an einen Sonntag, an dem er die Bubenbande nach der Messe auf das Orgelgestühl holte und uns lange, sehr lange ohne Noten schwierige Werke von Bach vorspielte. Kein Mensch hätte es geschafft, uns Lausbuben zu derartigem Kunstgenuss zu verurteilen. Wenn der Pater Joachim spielte, lauschten wir aber und ahnten, dass es noch ganz andere Welten gibt, als die kleine Dorfwelt, in der wir uns noch recht sicher und wohl fühlten.

Ein anderes Mal erklärte uns der Pater, dass niemand die Zelle eines Mönches betreten darf. Aber weil wir seine Freunde sind, ist ihm das »wurscht«, wir sollten mitkommen, er zeigt uns etwas. Wir schlichen durch die Gänge des kleinen Klosters und staunten nicht schlecht, als der Pater seine Zelle öffnete. Eine kleine Holzschnitzerei öffnete da ihre Pforten. Aus rohen, weißen Holzklötzen formten die klobigen Hände des Ordensmannes wunderbare Engelsköpfe, Frauenhände, Tiere aller Art und verschiedenste Darstellungen von Jesus Christus auf seinem Lebens-, Leidens- und Auferstehungsweg. Wir durften probieren, mit den scharfen Messern dem hellen Holz eine neue Form zu geben. Joachim's helles Holz stammte von Lindenbäumen. Aus den Stämmen der Bäume, die wir hunderte Male hochgeklettert waren, formte der Mann vor unseren Augen die wundervollsten Figuren. Er ließ Welten und Wirklichkeiten entstehen. Herausgeschnittene Tiere, Menschen, Heilige – mit einigen scharfen Messern, aus rohen Lindenklötzen. Wir ahnten und bestaunten die bildhafte Vorlage in seinem Herzen, die die ungeschickt aussehenden Hände so sicher führten. Seine Kunstwerke lebten, sie offenbarten die große Seele des nach außen wilden, ungehorsamen Paters. Wir hatten das Gefühl, diese Figuren schauen uns an, sie reden mit uns, obwohl sie gerade erst vor unseren Augen aus grob zugesägten Holzstücken entstanden sind. Das ist nur möglich, weil alles, was der Pater schnitzte, wahr ist und wirklich lebt. Auf diese Weise erklärten wir uns das echte Aussehen des geschnitzten Hirsches gleichermaßen, wie den Christuskopf, an dem der Pater gerade arbeitete. Zum süßen Lindenbaum mit den heilkräftigen Blüten fügte der Pater nun auch noch den Aspekt des kostbaren, bearbeitbaren Holzes hinzu. Vom Pater lernten wir, dass nur Zirben oder Lindenholz für seine Schnitzerei in Frage kommt. Langfasrige Hölzer mit harten Ästen sind für diesen Zweck ungeeignet. Die Linde bekam plötzlich einen neuen zusätzlichen Wert. Sie wurde in meiner Kindheit der erste Baum, an dem alles so brauchbar erschien, die Linde mit ihrem hellen Holz, der duftenden Krone und den heilsamen Blüten.

Lindenholz

Gehört zu den allerweichsten Hölzern aus Europas Wäldern. Aus diesem Grund ist Lindenholz neben der Zirbe das bekannteste Material für Holzbildhauer.

Weniger bekannt und vielfach mit Vorurteilen belastet sind die Möglichkeiten im Möbelbau. Abgesehen von besonders strapazierten Arbeitsplatten kann Lindenholz für Möbelfronten aller Art eingesetzt werden. Es ist für den Tischler ausgesprochen fein und gut zu verarbeiten, splittert nicht und reißt kaum aus. Lindenmöbel sind hell, sehr freundlich und neben dem Ahorn eine wunderbare Möglichkeit, sehr helle, beinahe weiße Holzoberflächen mit dezenter Maserung zu schaffen. Im äußersten Osten Österreichs, an der ungarischen Grenze, wurden früher mangels Nadelholz sogar Dachstühle aus Lindenholz angefertigt. Dieses Beispiel wird im modernen Holzbau zwar kaum Anwendung finden, es zeigt aber, dass Lindenholz für ein breites Anwendungsspektrum geeignet ist.

DIE BEDEUTUNG FÜR DIE SEELE UND GESUNDHEIT

Linden gehören zu den Bäumen, die in Europa das höchste Alter erreichen können. Uralte Linden waren früher oft der Mittelpunkt der Dorfplätze. Unter Linden trafen sich die Menschen seit altersher. Hier wurde am Land Vieh und Holz gehandelt, alles Mögliche ausgetauscht und ausgetragen – und Gericht gehalten. »Wohl unter Linden, wo wir uns finden«, heißt es in einem Lied. Die Linde führt die Menschen zusammen. Modern formuliert könnte man sagen, ein Baum der Kommunikation, förderlich für einen bleibenden Interessensausgleich zwischen den Menschen. Meine Büromöbel habe ich aus diesem Grund aus Lindenholz anfertigen lassen.

Ein Baum, der die Menschen zusammenführt, trägt die Botschaft der Gemeinsamkeit in sich. Im großen Kosmos global betrachtet, verschmilzt die Vielzahl der Menschen zu einer großen Familie. Wer seinen Mitmenschen Schaden zufügt, schadet sich am Ende selbst am meisten. Wer seinen Mitmenschen Gutes tut, wird diese Saat als Lohn vielfach zurückbekommen. Diese Zusammenhänge werden von uns Menschen leider immer wieder vergessen. Trotzdem erinnert uns die Linde: Dem Mitmenschen, mit dem Du verbunden bist, Gutes zu tun, bringt viel länger und viel bessere Zinsen als so manches Sparbuch oder Geldanlage.

In der Naturheilkunde ist der Lindenblütentee als fiebersenkendes und schweißförderndes Mittel bei Erkältungen eines der bekanntesten Hausmittel. Heute weitgehend in Vergessenheit geraten ist der Einsatz von Lindenholzkohle bzw. Asche. Diese wurde früher bei Magenübersäuerungen und Geschwüren sowie bei Gallenleiden angewendet. Interessant ist die Beachtung der Lindenbaumenergie.

Die Linde ist neben dem Bergahorn der Baum mit dem ruhigen, hellen Holz. So ist es wohl kein Zufall, dass die Linde – ähnlich wie der Ahorn – als Baum und Holz gilt, die unruhigen, gehetzten und »überdrehten« Menschen Ruhe und Sammlung bringen. Der feine Unterschied zwischen den beiden weißen Hölzern: Während beim Bergahorn das Kühlen von überhitzten Situationen im Vordergrund steht, beruhigt die Linde vor allem durch Sammlung und Herstellen der wichtigen inneren Stille.

Die Erle

MEHR SCHÄTZE ALS WIR DENKEN

Thoma-Vollholzboden in Erle

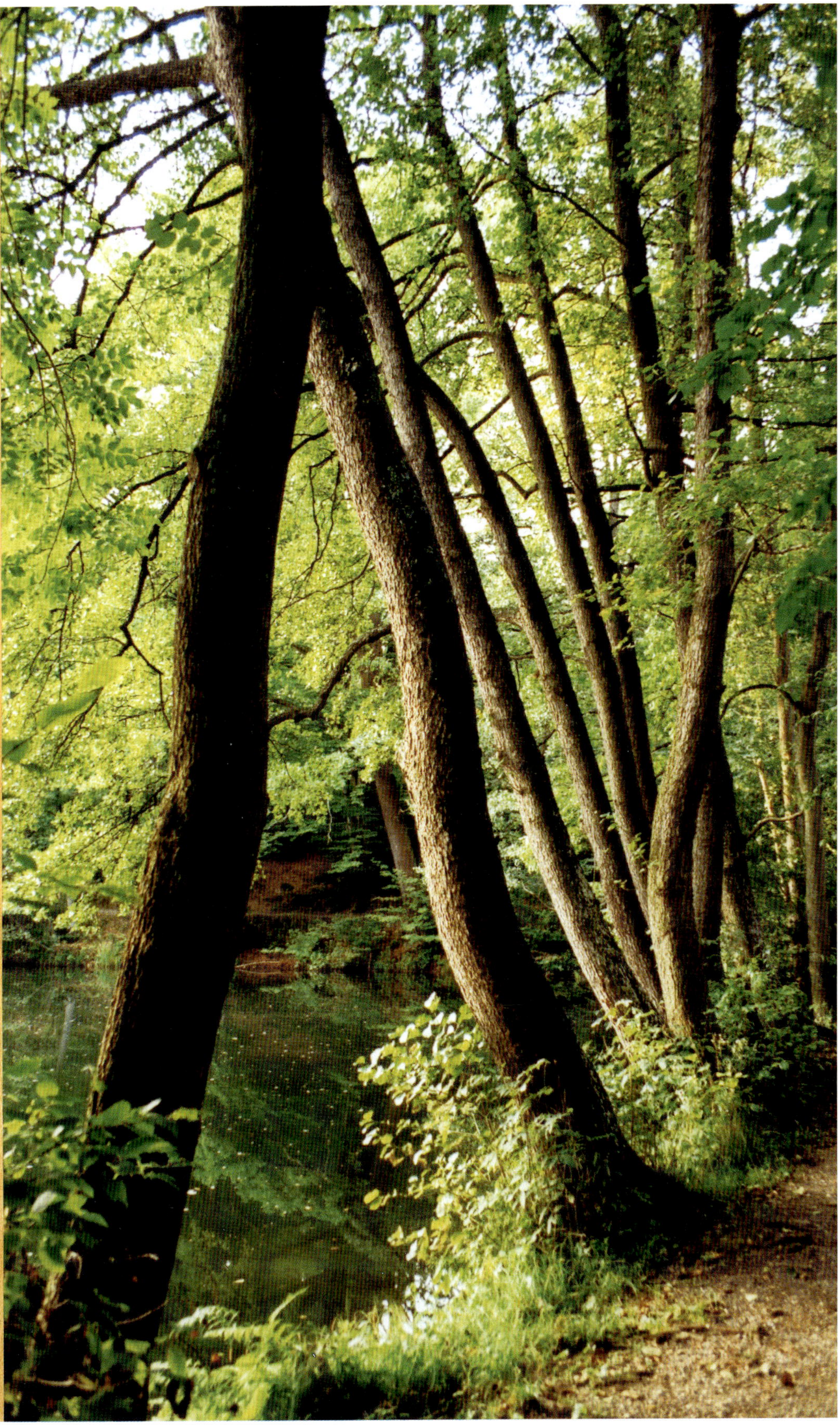

DIE ERLE

Mehr Schätze als wir denken

Wer über die Natur urteilt, ohne sie genau beobachtet zu haben, der hat meistens Unrecht. Die Geschichte unserer Schwarzerle ist ein Gleichnis dafür. Es ist noch keine zwanzig Jahre aus, da lieferte die Erle ein in ganz Europa praktisch bedeutungsloses, gering geschätztes Holz. Niemand nahm sich die Mühe, diesen wunderbaren Baum, der genauso häufig wie unscheinbar an Bachläufen und Gewässern, auf feuchten Wiesen und in sumpfigen Niederungen anzutreffen ist, genau zu betrachten und sich seiner guten Gaben zu besinnen.

Wenn wir als Kinder eine Baumhütte bauen wollten, so wurde uns das zumeist nur auf Erlen erlaubt, denn die galten ja als wertlos. Im besten Fall waren sie als Brennholz zu gebrauchen: »Buben sind Schadentiere! Besonders, wenn sie Axt und Nägel in die Hände bekommen«, pflegte unser Nachbar zu sagen. Jedermann hatte aber Verständnis dafür, dass wir den Umgang mit Hammer und Nägel, Axt und Fuchsschwanzsäge lernen sollten, also kamen die nutzlosen Erlen gerade recht.

Wirklich gutes Möbelholz, so dachten die Menschen damals, konnte neben der allgegenwärtigen Eiche nur aus den fernen Tropen kommen. Wer was auf sich hielt, musste den unvermeidbaren Schrank aus Mahagoni in sein Wohnzimmer stellen.

»An den wertlosen Erlen«, so dachten die Leute damals, »können die Buben nichts kaputt machen.«

Gute zehn Jahre später war die Erle bereits eines der begehrtesten europäischen Möbelhölzer. Küchen-, Wohn-, Schlaf- und Arbeitszimmer aus Erle standen hoch im Kurs und wurden teuer bezahlt. Ein Dornröschen ist wach geküsst worden. Wie viele Dornröschen schlafen da noch in unseren Wäldern?

DIE ERLE IN DER BAUMFAMILIE

Beim Ausräumen komplizierter und »verstaubter« Denkmuster aus unseren Köpfen, beim Auspumpen der Sümpfe von Engstirnigkeit und Trübsinn, leistet die Erle ihre einfache und wirksame Hilfe. In der Schöpfung Gottes wurde der Schwarzerle nämlich eine ganz besondere Aufgabe zugewiesen. Wie jeder Segen, so ist auch das Wasser nur bis zu gesundem Maße für die Bäume gut. Im Sumpf und in stauender Nässe gedeihen nicht einmal die mächtigsten und vitalsten Riesen der Natur. Nur bei der Erle sieht das anders aus. Sie liebt das Wasser. Jeder einzelne Stamm wirkt wie eine gar nicht so kleine Pumpe.
Erlen sind ähnlich den Birken, Pioniere. Nur eben auf einem anderen Gebiet. Sie können Ihre Füße in das Wasser stellen. Sie sind in der Lage, nasse Wiesen trocken zu legen, auszupumpen, damit die Böden verbessert und in der Waldentwicklung für die großen Schwestern und Brüder der Baumfamilie vorbereitet werden.

Ein theatralischer Auftritt, eine mächtige Gestalt, oder ehrwürdiges Bewahren über Jahrhunderte, all das ist unbedeutend für unsere Erle. In ihrem vergleichbar kurzen Baumleben erfüllt sie ihren Dienst ganz einfach, bescheiden und in stiller Harmonie. Sie trocknet die Sümpfe und lebt für die anderen Geschwister der Baumfamilie. Auch wenn überdüngte oder ehemalige landwirtschaftliche Böden in Wald umgewandelt werden, soll die erste Baumgeneration viele Erlen enthalten. Niemand kann es besser, den Wiesengrund in einen fruchtbaren Waldboden zu verwandeln.

Erlenholz

Erlenholz ist orange-rötlich und weist eine wunderbar strukturierte Maserung auf. Interessanterweise ist das Holz des »Wasserbaumes« Erle im verbauten Zustand gar nicht mehr verwitterungsfest und daher nur im trockenen Wohnraum zu gebrauchen.

Im Möbelbau können alle Flächen, die nicht höchst strapaziert sind, mit diesem gut zu verarbeitenden, eher weichen Laubholz angefertigt werden. Für Tisch- und Arbeitsplatten sollten wegen fehlender Härte der Erle, besser Ahorn, Buche, Eiche oder ähnliche Arten verwendet werden.

Als Fußboden verarbeitet, strahlt Erlenholz seine einzigartige Wirkung orangefarben aus. Wegen der weichen Oberfläche wird sich aber ein Erlenboden eher auf Räume beschränken, die nur mit Hausschuhen betreten werden.

Nützen wir doch den Gabentisch der Natur

Diese Zeilen im Kapitel der »wieder entdeckten« Erle sind wohl der richtige Platz, noch einmal in Erinnerung zu rufen, was unser Wald alles für uns bereit hält und wie blind wir immer noch vor einem kostbar gedeckten Gabentisch stehen:

In den Wäldern Mitteleuropas wächst viel mehr Holz nach, als wir Menschen Jahr für Jahr nutzen! Allein in Deutschland und in Österreich lassen wir beinahe die Hälfte des nachwachsenden Holzes im Wald liegen. Das ist aber nicht nur in Europa so. In Japan wachsen jährlich ca. 100 Millionen Festmeter Holz nach. Davon werden nur ca. 20 Millionen Festmeter geerntet. Dort verfaulen pro Jahr ca. 80 Millionen Festmeter Holz, das den Menschen dienen und nutzen könnte. Stattdessen bauen wir überall auf der Welt Möbel aus Kunststoff, Fenster aus Aluminium und Plastik, Treppen aus Stahl, Wohnhäuser aus Beton und belegen Böden mit Kunstfasern.

Viele Jahrhunderte alte Holzbauten sind ohne chemische Holzschutzmittel und giftige Leime vor unseren Augen uralt geworden. Und was machen wir? Wir streichen und imprägnieren. Wir verarbeiten unsere kostbaren Bäume mit giftigen Holzschutzmitteln und Kunstharzleimen zu Spanplatten und zu schichtverleimten Platten, zu Brettschichtholz bzw. Leimbinder. Alles Produkte, durch deren Verbrennung oder Kompostierung giftige Rückstände in den Kreislauf der Natur eingebracht werden, oder die eine erschütternde Energiebilanz des grenzenlosen Raubbaues aufweisen.

Und das, obwohl wir problemlos auf diese »Hilfen« der modernen Chemie verzichten könnten. Es gibt in Wirklichkeit gar keinen Grund dafür, dass wir alles unternehmen, um als »Müllgesellschaft« in die Geschichte der Menschheit einzugehen. Unsere Vorfahren haben uns mit der Holzernte »zum richtigen Zeitpunkt,« mit ihren Trocknungsmethoden und der hohen Verarbeitungstradition den richtigen Weg gewiesen. Wie wäre es, wenn wir Holz endlich wieder als »Kulturträger« verstehen würden und daraus kostbare Werte für Generationen schaffen würden? Die innovativsten Wege der Zukunft werden diejenigen sein, die im größt möglichen Einklang mit der Natur verlaufen.

DIE BEDEUTUNG FÜR DIE SEELE UND GESUNDHEIT

Wie der Pionierbaum Birke, gehört auch die Erle zu den leichten, luftigen, kurzlebigeren und beweglichen Holzarten. Stehende Gewässer, die den kostbarsten Humus und andere Bäume ersticken, pumpt sie einfach weg.

Unkompliziert und geradlinig hilft uns die Erle jeden Tag so zu nehmen, wie er ist. Stehende Gedanken, die sich im Kreise drehen, »trocknet« die Erle aus. Nörgelnde Menschen, die sich im eigenen Sumpf verfangen, können bei ihr ebenso Hilfe finden.

Frische, Munterkeit und eine leichte, jugendhafte Lebenseinstellung werden uns durch die Erle vermittelt. Sie zeigt uns den einfachen, geraden Weg, nicht nur für den Umgang mit den Mitmenschen und mit der Natur – sondern auch mit uns selbst. Anderen helfen und dadurch selbst gesunden – das ist ein Erlenmotto.

Die Birke

BESCHÜTZT UND BEGLEITET

Thoma-Vollholzboden in Birke

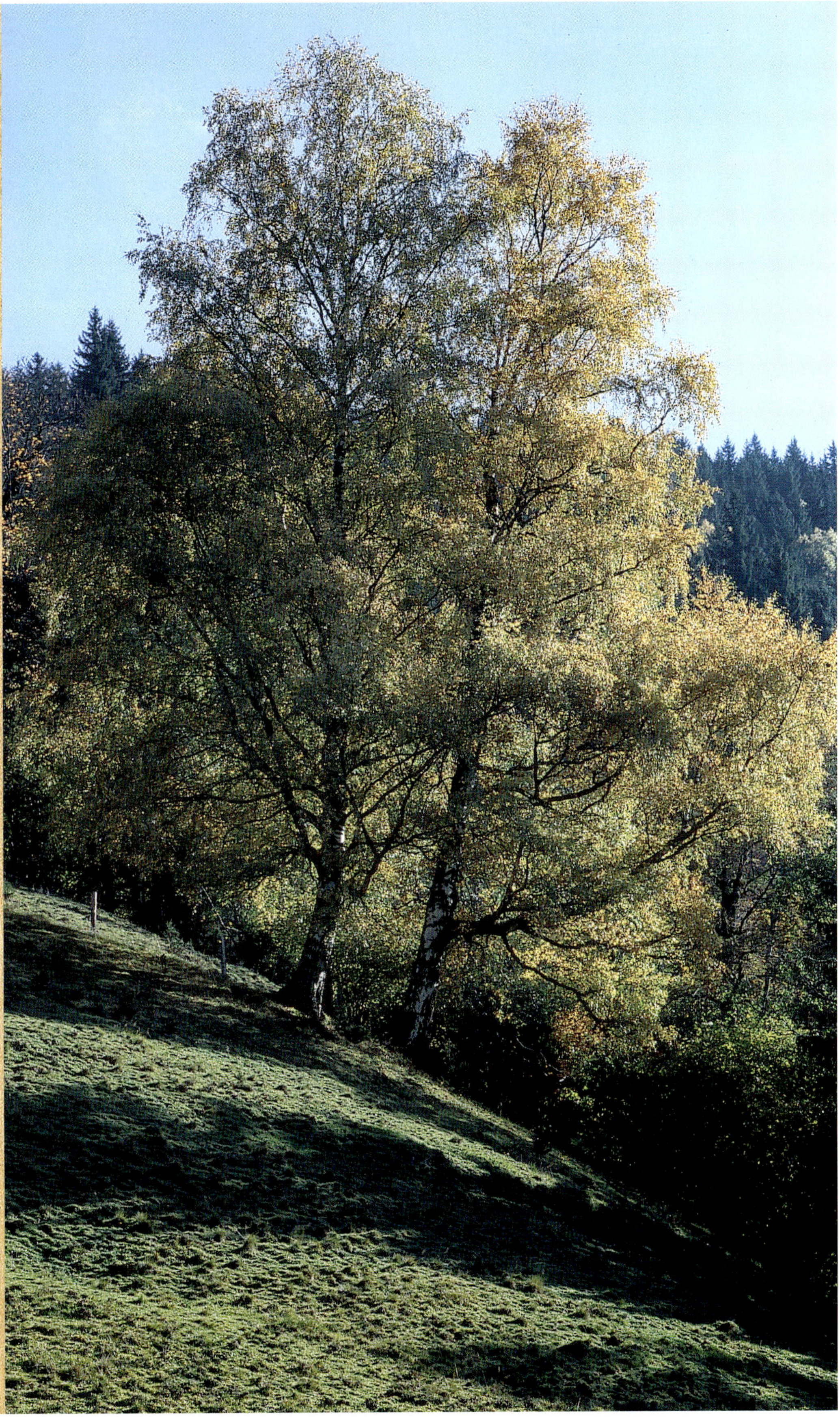

DIE BIRKE

Beschützt und begleitet

Unter dem Baum der Phantasie, einer großen Birke mit ihrem weißen Stamm und den hängenden Zweigen, die sich im Wind wiegen, sind diese Zeilen aufgeschrieben worden.

Ort der Freiheit, Ort der Kinderträume, Mutproben und Kindertränen, dicke Freundschaften und blutig geschlagene Nasen, ausgelassene Spiele, Kinderbandenkriege, wunderschöne Blumensträuße für die Mama, zerrissene Hosenböden, verbotenes Doktorspiel, gestohlene Kartoffeln wurden hier gebraten und – schüchtern führte der erste Spazierweg mit dem Mädchen dorthin.

Der kleine Birkenwald außerhalb des Dorfes war nicht umsonst sein Spiel- und Kultplatz, Geborgenheit und Herausforderung in Einem. Als kleiner Bub hatte er es bald herausgefunden. Im Dorf zwischen den Häusern blieb nichts, aber auch wirklich nichts verborgen. Jeder Zaunpfahl hatte Augen und jeder Baum Ohren. Waren es die Astlöcher in den lärchenen Zaunlatten oder die wulstigen Knöpfe der abgeschnittenen Äste an der alten Nachbaresche? Einerlei wer die Botschaft überbrachte, er hatte gelernt, dass alles, was zwischen den Häusern geschah, bei den großen Brüdern landete und wenn es schlimm genug war, dann wussten plötzlich auch die Eltern Bescheid.

Was gibt es Grausameres als das erbarmungslose Aufdecken aller Geheimnisse? Unbarmherzig und gnadenlos wird da in das Bubenherz geschaut, wenn es darum geht, den Kleinen auf dem rechten Weg zu halten.

Die mächtigen Birken im kleinen Wald hinter der Gärtnerei, mit denen war das etwas anderes. Die schwiegen immer. Der Birkenwald lag auf einem Hügel. Von seinem Lieblingsbaum konnte er alles genau überblicken. Rundherum die Felder, der Sumpf mit den vielen Fröschen zwischen dem Waldrand und der Gärtnerei. Nein, es war nicht möglich, dass sich jemand heranschleichen konnte, ohne dass er von ihm entdeckt worden wäre.

Außerdem gab es da noch die kleine Felswand mit dem Versteck in der Höhle und die große Birke mit der Astgabel und dem Krähennest.

Mitte Mai streckten sich einem dort gierig die roten Schnäbel der jungen Vögel entgegen.

Unter den Birken da war alles anders. Unter ihren lang herunterhängenden Ästen gab es eine Welt, die ihn zu jeder freien Stunde dort hinzog. Am Rücken im Gras liegen und Stunden die Wolken beobachten. Die sind noch viel höher als der höchste Birkenast, an dem er sich jemals emporwagte. Die lange Schnur am großen Ast ober dem Felsen. Die Großen haben sie dort angebunden. Wenn er allein war, schaffte er es schon, sich an einem Stock, der am unteren Ende festgebunden wurde, zehn Meter oder mehr über den grausigen Abgrund hinauszuschwingen. Wehe, wenn du zu wenig Schwung hast, dann bleibst du draußen hängen und kommst nie mehr zurück zum Standplatz. Der Birkenwald ist zu weit weg vom Dorf, da hört dich niemand schreien.

Er musste nie schreien. Er hatte immer genug Schwung.

Das konnte er nicht ahnen. Die Birken hinterm Dorf haben sich in sein Herz eingegraben. Seine Seele war von ihnen durchwurzelt. Sein Gefühl hatte längst mit den feinen Ästen schwingen gelernt, seine Träume schickte er mit den Wolken ober den Birken auf die Reise.

Niemals hatte er darüber nachgedacht, was es bedeutete, sich den Birken anzuvertrauen. Dieses Vertrauen war einfach da, genauso selbstverständlich wie die Haare am Kopf.

Nachdem er die ersten Schuljahre hinter sich gebracht hatte, war er seinen Birken immer noch treu, wie eh und je. Da hatte die Mutter einen sonderbaren Einfall. Birkenwasser sollte er holen. Jetzt im Frühjahr war die beste Zeit dazu.

Tief verbunden

Er sollte auf den Dachboden gehen, sich einen kleinen Handbohrer holen und dann diesen Strohhalm in das am Stammfuß gebohrte Loch stecken und die Flasche unterstellen.

Die Mutter kannte ihren Buben und wusste mit seinen entsetzten Blicken und der Frage nach den Birken richtig umzugehen. »Du hast doch ein Taschenmesser. Wenn die Flasche voll ist, musst du natürlich einen kleinen Stock zuschnitzen. Spitz und ein bisschen größer als das Loch. Mit diesem Zapfen verschließt du dann die kleine Wunde. Nimm einen Stein und schlage den Zapfen fest ein. Damit hast du dem Baum nicht weh getan. Hole dir das gute Birkenwasser für die Haare und achte dabei auf den Baum.«

Das hat er bisher noch nicht gekannt. Voll Freude, voll Tatendrang, mit Wut im Bauch und auch mit Angst ist er schon zu seinen Birken gegangen, aber mit einem Bohrer im Hosensack, den er in seine geliebten Stämme treiben sollte …

Er wollte es sich nicht eingestehen, dass da etwas in seinem Hals steckte und schaute zu seinen Birken. Welchen? Verdammt, welchen Baum sollte er aussuchen?

Das war doch einerlei. Warum überlegte er da? Zum Schluss ging er doch weg von seinem Lieblingsplatz und wählte eine kleinere Birke aus, die von ihren zwei mächtigen Nachbarn eingeklemmt war. »Vielleicht ist die nicht so wichtig«, dachte er, »wenn etwas passiert.« Diese blöden Gedanken. Was soll denn schon passieren?

Was war denn nur los mit ihm? Aufhören mit dem Blödsinn, schrie er in sich hinein und setzte die Spitze des kleinen Bohrers an die Rinde an. Hunderte Löcher hatte er schon gebohrt. Aus Brettern und Pfosten sind Hütten, Vogelhäuser und alles Mögliche entstanden. Noch nie hatte er sich Gedanken gemacht.

Es ist aber auch noch nirgends so ein Saft herausgequollen. Die ersten Drehungen trieben die Spitze der kleinen Eisenspirale in die Rinde. Späne kamen zum Vorschein, ein Tropfen, noch ein Tropfen. Er dachte an seinen Fuß. Warum nur kam ihm jetzt das auch noch in den Sinn. Die Wunde nach seinem Unfall, das blanke Schienbein. Damals ist das Blut auch ganz langsam gekommen. Zuerst ein Tropfen, dann noch einer, bis alles rot wurde.

Die Bubenhand trieb den Bohrer weiter. Das blanke, kalte Metall fuhr in den Stamm hinein. Bei jeder Drehung hörte er ein leises Knarren. Seine Birke ächzte, sie stöhnte. »Nicht aufhören«, sagte er sich, »jetzt nicht aufhören.« Die Tropfen wurden zum Bach, der Schauer wich dem Staunen. Schnell, den Bohrer raus, wo ist der Strohhalm? Hilfe, es rinnt wie aus einer kleinen Leitung. In der Flasche war der Boden rasch bedeckt. Endlich ein Blick in die Kronen. Er war ein genauer Beobachter und seine Phantasie hatte schon viele Bilder geformt aus diesen Blätterkronen. Aber da waren keine schmerzerfüllten Gesichter zu sehen. Alles ruhig, keine Regung, leises Rauschen des Frühlingswindes. Unschuldiges Hellgrün der ersten Blätter, milde Sonne, nichts ist passiert. Er lachte über sich selbst und beobachtete voll Neugier den seltsamen Schwall aus dem Baum heraus. Trinken, die Lust zu kosten, von dem was da plötzlich vor seinen

Augen aus dem Innersten des Baumes kommt, überfiel ihn. Von den Wurzeln aus dem Erdreich heraufgeholt in seinen Mund hinein. So oft hatte er über Wurzeln nachgedacht. Der aufgedrehte Wurzelteller von dem Baum, den vor drei Jahren der Sturm ausgerissen hatte, ist viele Male genau untersucht worden. Die seltsamen Windungen und Verästelungen, eingewachsene Steine, die schuppige Wurzelhaut, all das hat er erforscht wie eine neue Welt. Und jetzt, jetzt ergoss sich ein Schwall aus dieser unbekannten Welt vor seinen Augen.

Auf den Geschmack gekommen

Er stellte die Flasche weg, legte sich auf den Bauch und schob seinen geöffneten Mund an den Halm. Regungslos wartete er, bis sich hinter den Zähnen ein kleiner See gebildet hatte. Wasser mit dem Geschmack von Erde, nein von Humus, und süß war es. Nicht so süß wie der Ribiselsaft der Mutter, bei weitem nicht. Ganz fein, ganz zart und fremd, sodass der Wunsch nach mehr entstand. Er schluckte und wollte nicht mehr aufhören. Hundertmal hatte er an den Blättern seiner Birken gekaut und an ihren weißen Rinden gerochen. Es verwirrte ihn ein wenig, dass für ihn dieser verzaubernde Geschmack bis heute unentdeckt geblieben ist. Warum ist er nie dahinter gekommen, was sich hier verbirgt? Warum war er so gut versteckt, dieser süße Saft, von dem man immer mehr wollte?

Immer mehr? Er sprang auf und hielt wieder das Fläschchen unter den Halm. Gerade jetzt, wo ihm die Birke ihr süßes Geheimnis offenbarte, bekam er Angst, dass dieser Segen nicht unendlich ist. Sorgen, dass der betörende Saft versiegen könnte, machten sich breit und störten den unbeschwerten Genuss. Aber die wunderbare Quelle aus dem Baum heraus beruhigte ihn. Der feine Fluss füllte die Flasche langsam und beständig voll. Sofort lag das Kinn wieder auf der Erde, der Saftstrom floss ohne Unterbrechung. Süßes Birkenwasser füllte den Bubenmund. Schluck für Schluck gab er sich dem Zauber dieser Birke hin, die er für die unwichtigste gehalten hatte. Die unscheinbare, zwischen ihren wunderschönen Nachbarinnen Eingeklemmte, hatte ihn eingeweiht in das süße Geheimnis ihrer Art.

Er hatte keine Uhr, aber hier draußen wusste er den Stand der Sonne ganz genau zu deuten. Der Blick zum Himmel holte ihn daher zurück zur Aufgabe, mit der ihn seine Mutter losgeschickt hatte. Viel Zeit war vergangen, Stunden, und der Strom aus dem Halm war jetzt in ein hastiges Tropfen übergegangen. Wieder tauchte dieser graue Sorgenschleier der

Vergänglichkeit auf. Schon wieder ein Gefühl, das er so noch nicht kannte, aber es half ihm, seine Lust am süßen Trank zu überwinden.

Geschickt schnitzte er mit seinem Taschenmesser einen kleinen trockenen Ast zurecht. Er nahm mehrmals an der Wunde Maß und schnitzte fertig. Danach sprang er schnell zum Wiesenbach hinab und suchte einen der schwarzen Steine. Mit sanften Schlägen trieb er damit den kleinen Pfahl in das Holz hinein. Schlag für Schlag drang das Holz ins Holz hinein. Er staunte, dass der trockene Dorn so tief im kleineren Loch Platz finden konnte. Zuletzt brach er den Rest des zugespitzten Astes direkt am Rand der verschlossenen Wunde ab. Er stand auf und legte beide Hände auf die weiße Rinde. Wieder wanderten seine Augen dem Stamm entlang in die Krone hinauf. Wieder lachte ihm nichts als munteres Birkengrün in der Abendsonne entgegen. Noch einmal beugte er sich zum Bohrloch hinab. Nichts quoll heraus, kein Tropfen war zu sehen. Alles war gut, friedvoll und versöhnt. Wie einen Schatz nahm er die Flasche, verschloss sie mit dem Korken und hielt sie in das Sonnenlicht. Woher kam dieser Saft? Mit freiem Auge hat er noch nie Leitungen im weißen Birkenholz gesehen. Sie müssen fein sein, ganz fein, so fein, dass nur Wasser diesen Weg finden kann. Dennoch war das Birkenwasser leicht trüb. Wie ist es möglich, dass da noch mehr als reines Wasser kommt? Wo wurde es so süß auf diesem Weg von den Wurzeln herauf?

Einiges war da noch zu ordnen im Bubenkopf und in der Seele. Schritt für Schritt stapfte er durch die Wiese auf das Dorf zu. Das Fläschchen war von den Händen festgehalten und noch etwas nahm er sich mit: Der Pfropfen in der Wunde – war das nicht ein Schlüssel, wieder in das Innere der Birken einzudringen? Es tat dem Baum nicht weh. Auch der Opa hat das schon so gemacht. Die Mutter hatte davon erzählt. Er griff zum kleinen Bohrer im Hosensack. Sein Zeigefinger fuhr an der scharfen, spiralförmigen Kante entlang. Der Bohrer und das Taschenmesser hatten eine neue Bedeutung bekommen.

In den nächsten Tagen lernte er ein weiteres Geheimnis kennen. Jede Birke schmeckte anders. Am Bach oder aber am Stein, das machte einen großen Unterschied. Nicht jede war berauschend süß. Ganz Zarte waren dabei, Erdige und Wässrige. Seine Birken, die er immer so genau beobachtet hatte, lernte er eine nach der anderen ihrem Geschmack nach zu unterscheiden.

Er lag noch oft am Bauch, das Kinn am Boden gelegt und hatte dabei den Strohhalm im Mund. Je näher beim Erdboden das Loch gebohrt war, desto besser lief der Saft, davon war er überzeugt. Der erste Schluck von einem neuen Baum, das lockte ihn immer wieder hinaus zu den Birken hinter der Gärtnerei. Im Sommer begann dann der Segen zu versiegen, der Bohrer setzte in seinem Nachtkästchen wieder Staub an und erst im nächsten Frühjahr ließen ihn das erste Grün auf der Wiese und die anschwellenden Knospen auf den Birken wieder nach dem kleinen Handbohrer suchen.

Unter den Bäumen angekommen, suchte er vergeblich nach den verschlossenen Löchern aus dem alten Jahr. Die überwallende Rinde hatte seine Spur verwischt. An der kleinen Birke, die scheinbar nicht so wichtig zwischen den beiden Großen stand, wollte er es heute probieren, ob der Saft schon richtig fließt. Und die Baumkronen, sie breiteten ihr zart austreibendes Blätterdach über den kleinen Gast aus und sahen auch aus der Nähe und bei ganz genauer und stiller Betrachtung so aus, wie wenn nichts geschehen würde.

Nichts geht wirklich verloren

Viele Jahre und doch viel zuwenig Jahre waren seither vergangen bis zu dem bitteren Tag, an dem wieder Birken ihr Dach schützend über den heranwachsenden Jüngling ausbreiten mussten. Nur, an diesem Tag hatte er vorerst kein Auge für seine Freunde mit den weißen Rinden. Aus der Dorfkirche hinaus, an der Seite seiner Mutter und seiner Brüder führte der schwere Weg den Trauerzug zum Friedhof. Die Musik, die Menschen, die Häuser, all das war für ihn, wie wenn es sich hinter einer grauen Nebelwand abspielen würde. Seine Füße folgten mechanisch dem Takt des Trauermarsches und seine Augen hingen an den Brettern des Sarges, der da vor ihm getragen wurde. »Papa, Papa« diese Worte gingen durch seinen Kopf; Bilder der letzten Jahre, Tränen, »mein Gott, ich muss die Mutter halten, fest halten.«

Es ging dann alles so schnell, der Friedhof, die Ansprachen und die Stricke aus Hanf, an denen der Sarg Zentimeter um Zentimeter in der offenen Erde verschwand. In die offene, braune Erde sprengte er Weihwasser, warf er seine Blumen und eine Hand voll Erde. Bittere Tränen standen in den Augen, der Hals war zugeschnürt und dieser Schmerz in der Brust tat weh.

»Meine Gebete«, dachte er, »ich selbst habe gebetet, dass der Papa erlöst wird. Niemand kann mehr helfen, hatte der Doktor gesagt. Warum ist es jetzt so schwer?« Irgend jemand stellte ihn in die Reihe nach seiner Mutter und den Brüdern. Jetzt erst sah er, wie viele Menschen den Friedhof füllten. Und alle kamen sie, einer nach dem anderen. Jeder drückte die Hände. Zuerst der Mutter, dann den Buben, die der Reihe nach aufgestellt waren. Der Älteste zuerst und der Schulanfänger am Schluss. Er wollte tapfer sein, in sich hineinschreien, nicht hinaus. Aber die Augen, er musste in alle Augen schauen und hielt nicht viele Blicke aus. Warum schämen? Er weinte mit den Menschen mit. Das Taschentuch war bald nass, aber es half. Es wurde ein bisschen leichter, klarer und die Menschenschlange nahm ein Ende. Die Musikanten gingen, der Friedhofsand knirschte unter den Schuhen der Menschen, die dem Ausgang zuströmten. Es wurde wieder leise und ruhig am Friedhof. Die Mutter nahm den Jüngsten an die Hand und ging. Er blieb noch allein stehen. Die Großmutter hatte gesagt, er soll nicht traurig sein. Der Papa wird immer bei ihm sein. Sie hat ihm erklärt, er soll beten, dann kann er seinen Papa sogar spüren, wie wenn er in seiner Nähe wäre. Das hat er nicht verstanden. Er blickte in die dunkle Grube. Blumen und Erde der vorbeigezogenen Menschen haben den Sarg dort unten beinahe zugedeckt. Er hob seinen Kopf und schaute zum Himmel. Plötzlich sah er, wie die Herbstsonne die bunten, gelben Blätter der Friedhofsbäume zum Leuchten brachte. Er beobachtete, wie sich einige Blätter aus den Kronen lösten und ganz still zur Erde schwebten. Sie ließen die feinen Äste am weißen Stamm aus und gaben den Platz in der Krone frei.

Vor seinen Augen sah er das Bild, wie die selben Bäume im Frühjahr ein saftig grünes Kronendach aufsetzten. Die üppigen Birkenkronen aus seinem Wald am Dorfrand erschienen vor seinen Augen und er ahnte plötzlich, wie das seine Großmutter gemeint hatte. Die alten Blätter gingen nicht verloren. Sie bildeten den Humus für das neue Grün. Sterben, damit Neues entsteht. Loslassen, umwandeln und selbst zur großen Kraft für das Leben werden. Er wollte sein Herz aufmachen, ganz weit und seinen Papa dort hineinlassen, aufnehmen. »Komm jetzt«, sagte eine Stimme neben ihm, »die Mama ist schon gegangen.«

Warum gerade Birken

Es waren keine einfachen Jahre, die da auf die vaterlose Familie zukamen. »Jetzt müssen wir noch viel mehr zusammenhalten wie früher«, sagte die Mutter immer wieder zu ihren Buben. Das hat er verstanden. Er spürte es, wie recht sie hatte und marschierte zum Dorfschmied. Der sollte ihm eine Motorsäge verkaufen. In der Werkstatt des Schmieds stand eine Säge und er gab sie um einen guten Preis her. Er wusste ja, wie es um die Familie stand. Der Förster wusste das auch und hörte, dass das Brennholz in Mutters Hütte zu Ende ging. Auf den sauren Schieferböden seines Forstreviers wuchsen keine Buchen und Eichen. Birken gaben das beste Brennholz, das er in seinem Wald kannte. Es standen zwar nicht viele davon am Berg, aber mit weichem Fichtenholz wollte er den jungen Mann nicht abfertigen.

»Komm morgen zur gleichen Zeit zum Forsthaus, dann suche ich dir etwas aus!«

Der Förster sprach nicht viel, als er am nächsten Tag mit ihm durch den Graben, immer den schmalen Waldweg entlang, auf den Berg oberhalb des Dorfes stieg. Nach einer knappen Stunde kamen sie zu einem Fleck, von dem man ins Tal blicken konnte. Er sah das Dorf, Mutters Haus, die Gärtnerei und seinen Birkenwald. »Schau, dass du pünktlich bist! Und sei bescheiden. Auch wenn er dir kein schönes Holz zeigt. Sei zufrieden, ich werde dir schon helfen.« Diese Worte der Mutter kamen ihm in den Sinn. »Mama, wie willst du mir hier heroben helfen«, dachte er und musste ein wenig schmunzeln.

»Hier fängst du an«, der Förster deutete mit der Hand bergauf, »siehst du die großen Birken, die einzeln bis zu der Kuppe dort hinauf im Nadelwald stehen. Die sind überall und gehören weg. Schneide sie um und pass mir auf die jungen Bäume auf, die schon darunter stehen. Schau, dass du dir nicht weh tust, ich geh jetzt den Graben entlang weiter. Du findest ja auch allein heim!«

Er konnte sich gerade noch bedanken und schon stand er allein im Wald. Damit hatte er nicht gerechnet. Die größten Birken vom ganzen Berg. Warum gerade Birken? Er stieg ein Stück hinauf und stand vor dem ersten Baum. Langsam griff er mit beiden Händen an die weiße Rinde. Er spürte sein Herz klopfen, als er in die Krone schaute. Ein Schauer lief ihm über den Rücken. Warum gerade Birken? Der Förster war weg, aber er könnte ja am Abend zum Forsthaus gehen und um andere Bäume fragen. Langsam begann er seinen Heimweg ins Tal. Immer wieder versuchte er sich vorzustellen, wie er dem Förster alles erklärte, dass er alles umschneiden wollte, nur keine Birken. Nur die passenden Worte dazu konnten ihm einfach nicht einfallen. Er marterte seinen Kopf, aber es kam nichts dabei heraus. »Lächerlich«, sagte er sich, »das ist ein Blödsinn. Warum mache ich mir Gedanken? Jeder schneidet Bäume um, wenn sie alt sind.« Er versuchte, nicht mehr darüber nachzudenken. Aber immer wieder waren sie da, die großen Birken am Berg. Das Gefühl mit den beiden Händen auf der glatten, weißen Rinde ließ ihn nicht los.

Am Abend konnte er nicht viel essen. Er wollte sich nichts anmerken lassen und ging früh ins Bett. »Ich muss morgen ja früher aufstehen als normal!« Er versuchte einzuschlafen, aber sobald er die Augen schloss, kreisten seine Gedanken rund um die Birken. »Verräter«, dachte er, »nur ein übler Verräter bringt seine besten Freunde um. Wegen einem lächerlichen Brennholzhaufen.« Nein, die Gedanken sollten sich um die Ausrüstung kümmern. Die Motorsäge, Keile, Axt, Feile, der Strick, war das alles sorgfältig hergerichtet? Aber es half nichts, die lachenden Birkenkronen tauchten immer wieder auf. Erst viel später als normal, viel unruhiger als gewöhnlich, fiel er endlich in einen tiefen Schlaf.

Der Bohrer, den er zu tragen hatte, der war riesengroß. Die Spitze und die scharfen Kanten glänzten in der Sonne. Er wollte nicht, alles in ihm sträubte sich, aber trotzdem ging es mit Riesenschritten zu seinem Lieblingsplatz unter den Birken. Entsetzen breitete sich in ihm aus. Abscheulich, was er vorhatte! Was trieb ihn nur? Seine Arme waren plötzlich bärenstark. Mit ungeahnter Kraft drückte er schon beim Ansetzen des Bohrers die Spitze tief in die Rinde. Er wollte schreien, so laut schreien, wie es nur möglich war. Halt, wollte er rufen, aber kein Ton kam über die Lippen. Stattdessen begannen seine eigenen, mannhaft starken Arme den Bohrer unwiderstehlich in den Baum zu treiben. Riesige Späne kamen ihm entgegen und der Saft, süßer kostbarer Saft, spritzte aus der Birke. Es spritzte mit einem Druck heraus, den er sonst nur vom Anschlagen eines Bierfasses beim Wirt kannte. Er riss den Bohrer aus der Wunde und aus dem Loch ergoss sich ein Schwall, den er mit bloßen Händen abdichten wollte. Aber das war unmöglich. Zwischen den Fingern, unterm Handballen, überall spritzte und schäumte es heraus.

»Der Pfropfen«, fuhr es durch seinen Kopf. »Himmel, wo ist das Taschenmesser?« Jetzt war das Messer fort. Da löste sich endlich die Sperre in seinem Hals und er konnte schreien. Er schrie noch einmal – und richtete sich schweißgebadet im Bett auf. Die Nacht wurde lang, unendlich lang. Als ihn die Mutter am Morgen weckte, glaubte er, gerade erst eingeschlafen zu sein. Den Weg auf den Berg trat er mit dem ersten Vogelgesang an. Die Luft war um diese Zeit viel klarer und frischer wie gestern, als er mit dem Förster am späten Vormittag aufgestiegen ist. Dennoch waren die Füße heute schwer und er konnte weder mit dem Schritt noch mit der Atmung seinen gewohnten Rhythmus finden.

Die Last der Zweifel drückte viel schwerer auf seine Schultern, als der Rucksack mit der Motorsäge und der eisernen Axt und dem Keil. Er wollte sich ablenken, schaute auf seine Schuhe und den kleinen Steinen, die den

Waldweg bedeckten, aber in seinem Inneren erschien ihm wieder dieser Traum in allen Einzelheiten. Es fiel ihm auf, dass die Krone der Birke heiter, gelassen und unberührt im Sonnenlicht schimmerte, als würde sie gar nicht wahrnehmen, was er da unten an ihrem Stamm mit dem großen Bohrer angerichtet hatte.

Er spürte sein Herz klopfen, die ersten Schweißperlen tropften von der Stirn und Schritt für Schritt trug er sein Werkzeug und diese Gedanken den Berg hinauf. Er sah sich als kleiner Bub unter den Birken träumen und im Geäst herumturnen. Da blieb er stehen. »Umkehren«, dachte er, »umkehren wäre das Beste.« Aber er wusste, wie seine Mutter Monat für Monat auf ihre kleine Rente wartete, um sie dann für die Schulen der Buben aufzuteilen. Für sich selbst behielt sie fast nichts zurück. Er wusste von seinem Versprechen, für das Brennholz zu sorgen und ging weiter bis zu den Birken. Das Werkzeug wurde beim ersten Stamm abgelegt und der Schweiß von der Stirn gewischt. »An nichts denken. Es muss sein! Aufpassen, ich bin mit der Motorsäge allein hier heroben. Kein Mensch hört es, wenn etwas passiert!« Einige Stauden am Stammfuß wurden mit der Axt entfernt und jetzt die Säge starten. Er erschrak. Der Motor heulte schrill in den Wald hinein.

Die Richtung wurde geprüft und das Schwert der Säge mit der rasenden Kette zum ersten Schnitt an den Stamm angesetzt. Tief, so nahe beim Erdboden wie es nur möglich ist, damit kein hoher Stock mit verschwendetem Holz als Zeichen schlechter Arbeit zurückbleibt.

Vollgas – schmerzender Lärm, Späne flogen, die scharfen, metallenen Zähne bissen und rissen sich in das Holz. Sie zogen das Schwert, die Säge aus Eisen, mitten in das Leben des Stammes hinein. Zitternde Hände klammerten sich mit dem vibrierenden Bügel an die tobende, entfesselte Gewalt der Säge.

Der erste Schnitt lenkt die Richtung des fallenden Baumes. Bevor er diesen Fallkerb vollends fertig stellte, wollte er noch einmal prüfen, dass der Weg des kippenden Stammes stimmen wird und die Wucht der fallenden Krone kein Unheil an den verbleibenden Bäumen anrichten kann.

Er stellte die Säge ab. Stille, Totenstille. Die Schuhe waren weiß voller Birkenspäne. Ein breiter Spalt im Stamm klaffte ihm entgegen. Die Knie wurden weich. »Den Fallkerb kontrollieren und sonst nichts«, schoss es ihm durch den Kopf. Dazu griff er mit beiden Händen in den Spalt und schaute prüfend in die Krone. Sie leuchtete. Helles, freundliches Birkengrün im Sonnenschein lachte ihm umrahmt vom dunklen Fichtennadeldach entgegen.

»Voller Leben«, dachte er und sah plötzlich die Birkenkronen, die ihm damals am Friedhof genauso entgegenlachten. Beschützend, voller Freude und voller Leben in seiner bisher schwersten Stunde. Da fühlte er seine beiden Daumen im tödlichen Schnitt.

Das Bild des Blätterdaches verschwamm in seinen Augen, die sich mit Tränen füllten. »Ich bin ein Dummkopf«, leise und langsam kamen diese Worte über seine Lippen. Er kniete auf den Waldboden nieder, hielt die Hände vor sein Gesicht und weinte. Nicht laut, sondern leise und tief in sich hinein. Er schämte sich, er, der gerade in der letzten Zeit gelernt hatte, Verantwortung zu übernehmen und gemeinsam mit der Mutter alles machen wollte. Die großen Brüder waren ja schon weg von Zuhause und er ist sich immer wie ein Mann vorgekommen.

Neues Leben

»Zu spät«, dachte er, »es ist zu spät, »der Schnitt ist im Stamm!« Er hatte kein Gefühl dafür, wie lange er so gekniet war. Jedenfalls wischte er mit dem Handrücken die Tränen aus dem Gesicht und wollte gerade aufstehen, als er bemerkte, wo er überhaupt gekniet war. Der Boden war übersät mit jungen Birken, die einige Zentimeter hoch ihre allerersten kleinen Blätter zaghaft dem Licht entgegenstreckten. Anmutig und voll vom Zauber des Neubeginns ging vor seinen Augen der alte Baum durch seine Samen in die Gestalt der Jugend über. Zu oft hatte er den ewigen Kreislauf der Natur beobachtet, durch sich selbst durchfließen lassen, als dass er dieses Bild nicht verstanden hätte.

Plötzlich waren seine Sinne wieder hellwach, gegenwärtig, klar und endlich von der Dumpfheit und Verwirrung der letzten Nacht befreit. Behutsam griff er nach einem der vielen Birkenblättchen. Er wusste, dass Sie jetzt nur eines zum Leben brauchen: Licht.

Das überschirmende Kronendach des alten Baumes stand der Entfaltung der eigenen jungen Erneuerung im Wege. Er dachte an die Tierwelt, an die leeren Puppenhüllen, die nach der Verwandlung von den wundervollsten Schmetterlingen hinterlassen wurden und wieder zu Staub zerfielen und blickte an dem alten Stamm empor. »Holzernte«, dieses Wort ging wunderbar in seinen Gedanken auf, bekam eine neue Bedeutung und einen neuen Sinn. Er stand auf. Seine Hände strichen beinahe zärtlich über die weiße Rinde. »Komm, Alte, wir zwei machen es jetzt recht!« Der Baum fiel, wie er es sich vorgestellt hatte. Der große, braune Kern am Stock, der jetzt sichtbar wurde, war schon weich und angefault. Im Inneren des alten Baumes hatte der Weg des Holzes zurück zu Humus und Erde schon begonnen. Viele Stürme hätte sie nicht mehr ausgehalten, die alte Birke. »Du kannst ja ruhig wieder Erde werden«, sagte er, »aber wandere vorher durch Mutters Ofen und gib uns noch die Wärme der Sonne, die in dir steckt.«

Abgeschnittene Äste und Reisig schlichtete er behutsam zusammen. Die kleinen Bäumchen sollten ihr Licht haben. Er lachte in sich hinein. »Was bin ich für ein Dummkopf. Sterben ist Angst, sonst nichts – reine Angst, die sich auflöst, wenn sie durchschaut wird. Sterben ist gar nicht möglich. Verändern ist das einzige, das uns aufgetragen ist!«

Übrigens, die kleinen Birken sind im neuen Licht gut gewachsen und stattliche Bäume geworden. Viele Jahre später habe ich sie wieder sehen dürfen.

DIE BIRKE IN DER BAUMFAMILIE

Nur wir Menschen, die wir im Vergleich zu Bäumen über eine sehr kurze und bescheidene irdische Lebenszeit verfügen, empfinden den Wald als etwas Unverrückbares, Statisches und Unveränderbares. In Wirklichkeit fließt alles im Wald genau gleich wie ein großer Strom oder ein kleines Bächlein. Nur eben langsamer und für den hastigen Menschen nicht so leicht erkennbar.

So genannte Naturkatastrophen wie Erdrutsche, Stürme und Feuer sind die selben Elemente dieses Fließens wie das viel weniger spektakuläre Austreiben eines jungen Bäumchens aus dem Samenkorn.

Immer wenn es darum geht, dass der Wald neue Gebiete wieder besiedeln will, spielt die Birke eine besondere Rolle. Sei es der karge Boden nach einem Erdrutsch, die verbrannte Erde nach dem Waldbrand oder das harte Klima hinter der zurückweichenden Eiszeit. Es gibt nur eine Hand voll Pionierbäume, die in solchen Situationen als erste Pioniere des Waldes vordringen und auf diesen jungen, rohen Böden anwurzeln. Nach mehreren Generationen haben sie dann so viel Humus und Erde gebildet, dass die mächtigen, beständigen und großen Baumarten der Wälder nachrücken können.

Vorauszueilen, kreativ zu sein, die eigenen Ansprüche bescheiden zu halten, damit jederzeit eine Anpassung und die Bewältigung schwieriger Situationen möglich ist, das ist der Beitrag, den die Birke für ihre Baumfamilie und für ihre Lebensgemeinschaft Wald leistet.

Langlebigkeit und Härte, mächtige Kämpfe gegen Stürme und Gewalten und üppige Muße sollen wir uns von ihr nicht erwarten. Das überlässt sie gerne denen, die hinter ihr herziehen.

Große und kleine Ereignisse und Errungenschaften, die uns Menschen bewegen konnten und können, sind immer nur dann geschehen, wenn sie vorher in der Phantasie eines vorausdenkenden Menschen stattgefunden haben. Je genauer und präziser wir unsere Wünsche in unserer Phantasie zum wirklichen Bild werden lassen, desto größer ist die Chance auf eine Umsetzung des Bildes im Leben.

Die Phantasie ist die Werkstatt, die vorauseilende Kraft unseres menschlichen Geistes. Die Birke gehört zu den vorauseilenden Kräften des Waldes und kann deshalb wie kein anderer Baum die Funktion unserer Phantasie, die Bildung guter Lebensvisionen unterstützen. Eine stille Rast am Birkenbaum, austreibende Zweige in der Vase, sie bringen uns diesen Segen genauso ins Haus wie der Fußboden aus Birkenholz oder ein birkenes Möbelstück.

Birkenholz

Helles, weißes Birkenholz, ist ein eher weiches, aber zähes Laubholz und in der Witterung oder im wechselfeuchten Klima schnell faulend. Dementsprechend ist die Birke als Bauholz nicht zu gebrauchen, im trockenen Innenbereich jedoch ein helles, freundliches Möbel- und Fußbodenholz. Birkenholz erscheint durch dunkle Einschlüsse bunter und lebhafter, als heller Ahorn.

Drechsler fertigen vor allem in den nordischen Birkengebieten aus diesem Baum schöne Schüsseln, Löffel und ähnliche Gegenstände des täglichen Gebrauches.

Die bekannten russischen Holzpuppen »Matrioschka« sind meist aus Birkenholz gefertigt.

DIE BEDEUTUNG FÜR DIE SEELE UND GESUNDHEIT

In der Volksmedizin wird Birkenlaub zur Behandlung der Ausscheidungsorgane, wie der Nieren verwendet, Tee als Unterstützung bei Blasenentzündungen. Ebenso Sitzbäder im Birkenlaubsud. Birkenwasser ist als haarkräftigendes Mittel weit verbreitet und gut bekannt.

Die Birke ist für die meisten Menschen der Baum des luftigen, leichten, fröhlichen Lebensgefühls. Wer für neue, unbekannte Aufgaben Lösungen sucht, der kann seiner Phantasie durch das Birkengefühl Flügel verleihen.

Zu sehr erdgebundene oder materialistische Menschen können durch die luftig helle Birke einen wohltuenden Ausgleich und Entspannung sowie Beruhigung der Nerven finden.

Wer aber einen Kraft- und Energiespender sucht, der ist mit Birkenholz nicht so gut beraten.

Der Nussbaum

DIE BRENNENDE NUSS

Thoma-Möbelholz in Nuss

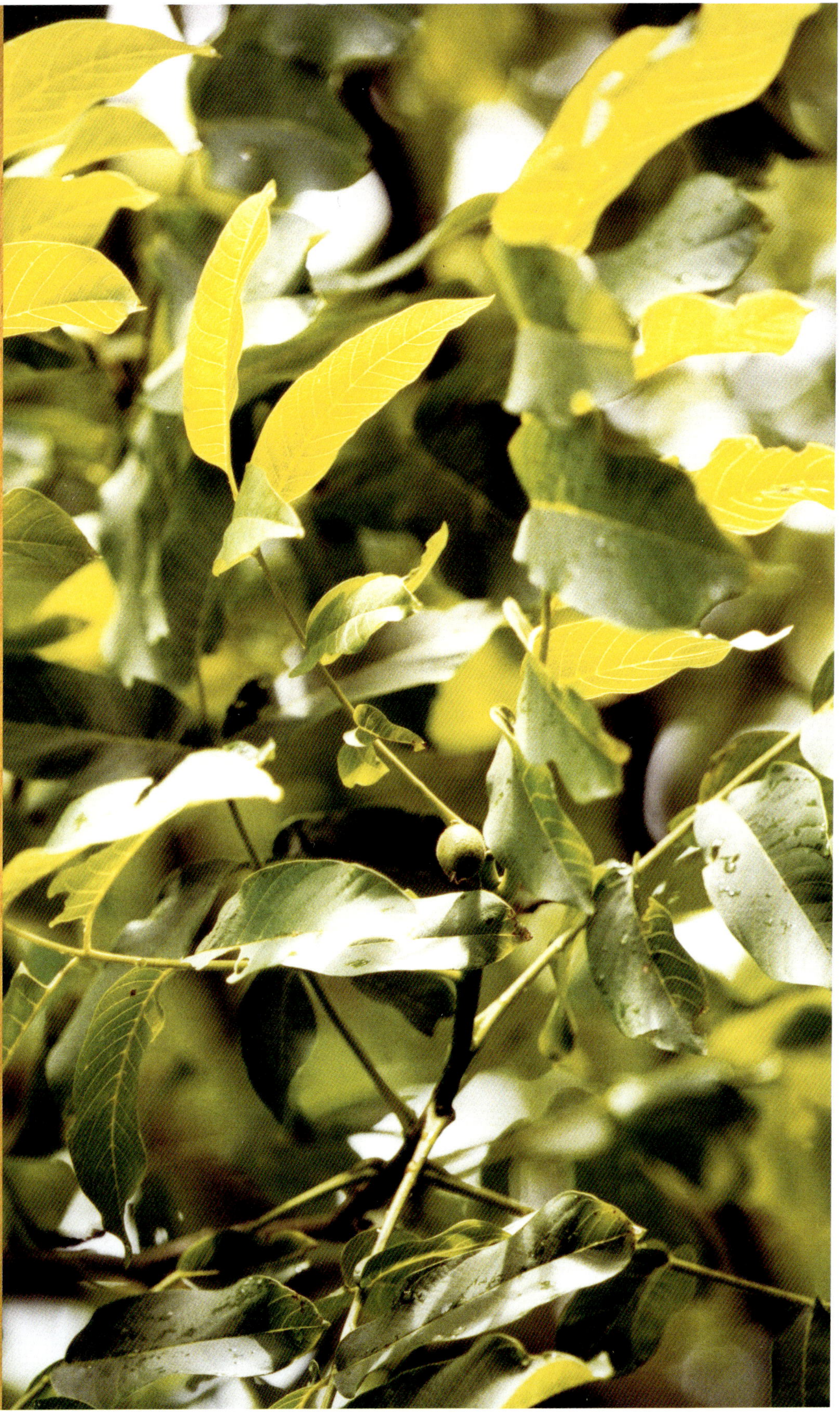

DER NUSSBAUM

Die brennende Nuss

Zeiten, in denen die Menschen lang gehegte Träume umsetzen können, sind immer Phasen, die von einem besonderen Glücksgefühl durchdrungen sind. Es sind die Momente, Stunden und Tage des Lebens, die man nicht vergessen möchte. Ob es sich um große oder kleine Träume handelt, ist unwichtig. Es spielt auch keine Rolle, ob diese Erfüllung nur für den träumenden Menschen selbst von Bedeutung ist, oder ob das viele Menschen berührt. Das Glücksgefühl der Erfüllung ist unabhängig von der Außenwelt. Die Energie seiner Entstehung kommt wohl viel mehr aus der Sehnsucht des vorangegangenen Traumes, aus seinem innigen Wunsch und dem heißen Verlangen, dass dieser Traum in Erfüllung geht.

Als Zehn- und Zwölfjähriger habe ich sehnsüchtig zu den eisigen Gipfeln der heimischen Dreitausender rund um den Großglockner hinaufgeschaut. Die Schilderungen der guten Bergsteiger des Tales brachten mein Herz zum Glühen. Sonnenaufgänge am Gletscher, Erstbesteigungen, dramatische Unglücksfälle und die Erzählungen von meinen Urgroßvätern und Urgroßonkeln, die als Bergführer gelebt haben, ließen meine Gedanken oft tagelang nicht los.

Heute, bald ein halbes Jahrhundert später weiß ich, dass diese Träume in Erfüllung gehen mussten. Sechzehn-, siebzehn- und neunzehnjährig wurden meine Bergträume Wirklichkeit. Das Glücksgefühl der bergsteigerischen Traumerfüllung genoss ich in vollen Zügen. Dieses Glücksgefühl hatte aber auch untrennbare Begleiter, die ich genau kennen lernte: Den eigenen Zweifel, der mir das Ziel auf einen neuen Gipfel oder in eine unbekannte Eisflanke stets einige Tage vor dem Vorhaben ausreden wollte. Dann die große Schwester des Zweifels, die kribbelnde Angst vor dem unbekannten Vorhaben, die nun schon wieder mein Herz in Besitz genommen hatte. Schließlich der körperliche Schmerz der Überwindung und stundenlangen Anstrengung, die während der Bergtour immer höher bis an die Grenze des Zusammenbruches getrieben wurde. Genau in dieser Phase tauchten aber auch die Verbündeten des neuen Zieles auf. Sicherheit, die aus der Erfahrung ähnlicher Situationen immer stärker wurde. Begeisterung, die sozusagen als Ausgleich zu den abnehmenden körperlichen Kräften mit jedem erreichten Teilstück wieder wachsen konnte. Je näher der Zustand der Erschöpfung kam, desto leichter konnte diese Begeisterung in Euphorie übergehen. Eine Art von Euphorie, die das Spektrum der Sinnesaufnahmen sehr klein werden lässt. Nur mehr der eigene Atem, das Klopfen des Herzens oder die Windgeräusche am Helm werden wahrgenommen. Die Erschöpfung wird plötzlich nicht mehr als Schmerz empfunden. Der Gipfel ist ja schon so nahe, die Schlüsselstelle erfolgreich und rasch durchstiegen. Und dann der Gipfel, oder der Ausstieg aus der Eis- und Felskletterei. Mein Traum hatte wieder eine Form der Erfüllung gefunden. Das Leben wurde leicht, ganz leicht. Die Kraft des Glückes ließ mich vergessen, was es heißt, mit einem sechzehn oder achtzehn Kilogramm schweren Rucksack vom Drei- und Viertausender in das Tal zu marschieren. Ich wusste in diesem Augenblick, dass diese Energie des Glückes noch tagelang mein Begleiter sein wird. Wie wenig machen da aufgerissene Finger, ein sonnenverbranntes Gesicht oder schmerzende Knie? Das einzig Bedrohliche war die Ahnung vom Zurückkehren in einen Alltag, der die Erinnerung an den Berg vergessen hat. Eine Ahnung, die nur Zeit benötigte, um zur Gewissheit zu werden.

Ich kannte damals nur eine Möglichkeit, diesem Mechanismus zu entfliehen: Eine neue Bergtour, ein neues Ziel. Meine Sicherheit wuchs, die Ausdauer wurde besser und die Technik ausgefeilter. Da half es nichts, immer wieder denselben Weg auf den gleichen Gipfel zu gehen. Zweifel, Angst, Begeisterung, Überwindung, Euphorie und Siegesglück – sie verlangten stets höhere Gipfel, steilere Flanken und schwierigere Wege, um verlässlich wiederzukehren.

Eine ganz andere Qualität von Glück

Neunzehnjährig hatte ich nicht nur alle Gipfel, sondern auch alle Eiswände der heimatlichen Gebirge, zuerst mit einem Begleiter und gesichert, dann im Alleingang durchstiegen. Was kam jetzt? Die Wiederholung? Das ewige Schwimmen im selben Fluss? Die Ereignisse überstürzten sich. Ich lernte meine Frau kennen und mit ihr eine ganz andere Qualität von Glück. Das Interesse an der Natur verband uns. Ihre Heilkräuterei traf sich mit meiner Försterei. Da sollte auf eigenartige Weise ein Nussbaum dazukommen, uns bereichern und meine jugendliche Suche und Jagd nach Glück in eine neue Richtung lenken. Wir hörten von einem alten Mann, der fünfhundert oder siebenhundert Kilometer entfernt (das war für uns damals sehr, sehr weit) am Rhein in Deutschland lebte. Dieser Mann, Heinz Erven, war einer der Vordenker des ökologischen Gartenbaues. Ein Mann, der anders, als es allgemein üblich war, mit Pflanzen, Ernährung und Natur umging.

Wir wollten ihn kennen lernen und an den Rhein fahren. Meine Frau und ich, wir reisten gemeinsam mit einem jungen Landwirtschaftslehrer aus Österreich an. Eine weitere Freundin war in Frankreich. Sie fuhr mit dem Fahrrad von Frankreich nach Remagen am Rhein. Dort trafen wir zusammen und wurden vom zirka achtzig Jahre alten Heinz Erven empfangen und durch sein Gartenparadies geführt. Er erzählte von seinem Beruf als Agraringenieur, der in der Nachkriegszeit die Landwirtschaft mit Gift bearbeitete, bis er den Irrtum erkannte und gemeinsam mit seiner Frau einen der ersten biologischen Gartenbaubetriebe in Deutschland gründete. »Es gibt keinen Schädling und keine Krankheit an meinen Pflanzen, die ich nicht mit natürlichen Mitteln im Gleichgewicht halten kann!« Diese Worte konnte er in seinem kleinen Paradies eindrucksvoll belegen. Mischkulturen, natürlicher Kompost, das Fördern aller Nutztiere, gepaart mit seiner Liebe und Freude, zeigten uns, wie einfach ein Mensch den Frieden mit der Natur schließen kann.

Heinz Erven, eins mit der Natur

Seine Worte gingen mir ganz besonders unter die Haut. Hatte ich doch gerade eine Ausbildung als Forstingenieur abgeschlossen und dort ausschließlich gelernt, für alle in der Natur auftretenden Unregelmäßigkeiten, die nicht in ein menschliches Bewirtschaftungskonzept passen, mit der Chemiegiftspritze auszurücken. Und jetzt stand ich vor einem einfachen alten Mann, der mir an einem einzigen Tag beweisen konnte, dass es ganz anders, besser, friedlicher und gesünder auch ginge. Nach der Führung durch seinen Garten kamen wir an einem großen, blühenden Rosenstrauch vorbei. »Diese Sorte heißt Lilie Marlen«, sagte er, »ich habe sie gepflanzt, als meine Frau Lili gestorben ist!« Er führte uns in sein Haus. Es war einfach und bescheiden eingerichtet. Wir nahmen an einem hölzernen Tisch Platz und Herr Erven kramte einige Zeit in seinen Schubladen herum. Er legte eine Walnuss auf den Tisch. »Sie ist von meinem Nussbaum vor dem Haus.« Daneben legte er eine kleine weiße Kerze, Streichhölzer und eine Gabel mit einem abgenutzten Holzgriff. Wortlos knackte er die Nuss auf und schälte vorsichtig die Frucht im Ganzen aus den zersplitterten Schalen heraus. Nun zündete er die Kerze an. Nach vorne gebeugt, legte er nun die Nuss auf die Gabel und hielt sie über die kleine Kerzenflamme. Erstaunt schauten wir ihm zu und konnten nicht verstehen, wozu er das tat. Die Nuss färbte sich im Kerzenfeuer schwarz und begann kurze Zeit später selbst zu brennen. Eine Flamme, einige Zentimeter breit und zehn bis fünfzehn Zentimeter hoch, stieg feierlich von der kleinen Frucht auf der Gabel empor. Ruhig und beständig loderte das Feuer überraschend aus der Nuss heraus. Seine weißen Haare schimmerten und leuchteten in diesem Licht. Unser Staunen wurde immer größer. Die Nuss brannte einige Minuten. Minuten, die durch das Schweigen im Raum noch länger wurden. Erst als das Feuer wieder kleiner wurde, begann Heinz Erven wieder zu sprechen: »In einer kleinen Nuss ist so viel Energie verborgen, dass man damit ein Spiegelei braten kann. Reine Sonnenenergie. Die Ernte des Nussbaumes allein genügt, um mehreren Menschen einen Winter lang genug Energie, die in allen Lebensmitteln enthalten ist, zur Verfügung zu stellen. Die Menschen sehen nicht, was in der Natur alles verborgen ist. Sie wenden viel zu viel eigene Kraft an.« Er schwieg. Wir beobachteten in der kleinen Küche gemeinsam das Erlöschen der Flamme. Sie verlor die ruhige Beharrlichkeit und kündigte mit nervösem Flackern ihr Ende an. »Meine Frau ist gegangen. Meine Kraft geht auch ihrem Ende zu. Ich habe getan, was mir mein Herz gesagt hat.« Er schaute uns an. »Ihr seid junge Leute und interessiert euch für den Garten eines alten Mannes. Ihr werdet einen guten Weg mit der Natur gehen. Gott segne Euch!« Mit diesen Worten drückte er uns die

Hände. Seine Augen glänzten, als er uns aus dem Haus begleitete. Das Feuer der Nuss von Heinz Erven hat uns eine neue Dimension von Glück gezeigt: Eins sein mit der Natur. Wer gegen die Natur keine Kraft mehr anwendet, findet sich in ihrem Strom der Harmonie wieder. Menschen auf diesem Weg werden getragen von der Friedfertigkeit ihrer Gedanken. Sie werden glücklich durch die Liebe zu allen Wesen auf dieser Erde.

Heinz Erven lebt nicht mehr. Er gehörte zu den Menschen, die mir gezeigt haben, dass die Selbstüberwindung bei Weitem nicht alles ist, was wir aus der Weisheit der Natur lernen können. Genau in diesem Jahr fiel es mir plötzlich ganz leicht, mit den extremen und gefährlichen Bergtouren aufzuhören.

Die gespeicherte Energiemenge der Früchte eines einzigen Nussbaumes ist meist höher als die Energie, die ein Mensch benötigt, um gut über einen langen Winter zu kommen. Mein Gott, wenn in einer kleinen Nuss so viel verborgen liegt, was gibt es da erst in der ganzen Fülle der Natur an Segen für uns Menschen zu entdecken?

Diesen Fragen, dem Heinz Erven und seinem Nussbaum bin ich heute noch dankbar.

Nussholz

Gehört zu den edelsten und kostbarsten Möbelhölzern, die wir in Mitteleuropa finden können. Die Kernholzzone des Nussbaumes ist dunkelbraun bis schwarzbraun gefärbt. Es gibt dabei von Baum zu Baum starke Schwankungen, sodass Nussmöbel sowohl lebhaft gemasert als auch ganz schlicht und dunkel angefertigt werden können.

Wo immer ein Nussbaum gefällt wird, soll das wertvolle Holz geborgen und der Hand eines Möbeltischlers zugeführt werden. Nussholz soll vor der Verarbeitung gut abgelagert werden. Am besten ein Jahr pro zwei Zentimeter Holzstärke der Bretter und Pfosten.

DIE BEDEUTUNG FÜR DIE SEELE UND GESUNDHEIT

Wer schlecht schläft und vor allem unruhig träumt, soll versuchen, sein Kissen mit getrocknetem Laub vom Nussbaum zu füllen. Ruhiger Schlaf wird durch das Nusslaub gefördert.
Ebenso werden Fliegen und Mücken vertrieben. Wichtig für Hund und Katz: Auch Flöhe und Läuse mögen den Nussblattgeruch nicht. Diese insektenabwehrende Wirkung der Nussblätter ist für unsere Haustiere wohl wichtiger als für die Menschen. Vielleicht gelingt es, mit Nussblättern im Hundekorb den Vierbeiner ohne giftigem Flohband von den kleinen Quälgeistern frei zu halten.
Walnüsse erinnern mit ihrer Fruchtform an das Erscheinungsbild des Gehirnes. Sie gelten in der Volksmedizin auch als gedächtnisstärkendes Mittel und als »Nervennahrung.« für nervöse Menschen. Tatsächlich beinhaltet die Walnuss große Mengen ungesättigter Fettsäuren, die für die Gehirntätigkeit wichtig sind. Grüne Nussschalen der Walnuss einige Wochen in Olivenöl angesetzt, ergeben ergänzt mit einigen Tropfen Nelkenöl ein sehr gutes Insektenschutzmittel zur äußerlichen Hauteinreibung.

Der Nussbaum gilt als Baum, der den Menschen zur Entscheidungsstärke hilft. Wenn Sie zwischen mehreren Möglichkeiten hin- und hergerissen werden, sollten Sie einen Nussbaum aufsuchen.
Wunderbar duftet das Auslegen von Nussblättern im Schlafzimmer.
Nicht zuletzt soll ein handwerklich schön gefertigtes Massivholzmöbelstück aus dem Walnussbaum vergessen werden.

Die Eiche

RUHIGE WUCHT UND FEINER KLANG

Thoma-Vollholzboden in Eiche

Die Buche

STETS BEI DIR GEBORGEN

Thoma-Vollholzboden in Buche bunt

Gerade der Eiche tut das gut. Jahrzehntelang war Eichenholz im Möbelbau das wichtigste heimische Edelholz. Jahrzehntelang wurden Eichenmöbel aber leider auf eine Art verarbeitet, die der Eiche gar nicht so richtig entspricht. Mit Akribie wurde jeder Ast und jede natürliche Zeichnung in der Maserung vermieden und aussortiert. Die Folge waren meist furnierte Möbel, die fürchterlich eintönig und langweilig aussehen. Damit ist die Eiche wieder aus der Mode gekommen und hat völlig zu Unrecht an Bedeutung verloren. Neuerdings erlebt das Eichenholz allerdings eine erfreuliche Wiederentdeckung. Es bleibt dabei zu hoffen, dass dieses Mal alte Fehler vermieden werden und die Eiche ihr volles Gesicht mit Ästen, Farbspiel und allen Formen des Holzes zeigen kann.

DIE BEDEUTUNG FÜR DIE SEELE UND GESUNDHEIT

Wer große Vorhaben verwirklichen will und hoch hinaus möchte, der braucht kräftige, tiefe Wurzeln – Ehrgeiz allein genügt nicht. Ehrgeiz ohne Wurzeln und Kraft im Hintergrund treibt uns Menschen vor sich her und höhlt uns aus.

Die Eiche ist geradezu der Inbegriff des kräftigen, energiereichen und erdverbundenen Baumes. Eigenschaften, aus denen wir Menschen schöpfen und gewinnen können. All jene, die in ihrem Leben hart arbeiten und viel leisten wollen oder müssen, finden bei der Eiche als Baum und als Holz in der Wohnung eine Tankstelle für Willenskraft, urwüchsige Widerstandskraft gegen alle Lebensstürme und für energiereiche Ausdauer.
Die Kraft der Eiche ist unmittelbar, urig und direkt. Eichenbäume lieben nährstoffreiche, tiefe Böden. Eichenenergie hilft uns das Leben in vollen Zügen tief zu durchwurzeln und Halt zu finden.

In der Volksmedizin ist vor allem der Gerbstoff und der gerbsäurehältige Eichenrindentee als entzündungshemmend, blutstillend und desinfizierend geschätzt. Anwendungen sind zum Gurgeln bei Schleimhaut- und Rachenentzündungen und als Tee bei Magen- und Darmschleimhautentzündungen sowie chronischem Durchfall bekannt.
Als Sitzbad kommt Eichenrindentee bei Blasen-, Harnröhren- und Scheidenentzündungen zur Anwendung (jeweils ca. 20 Minuten lang).
Umschläge oder Bäder mit Eichenrindentee können bei Hauterkrankungen, Ekzemen oder Juckreiz Linderung und Hilfe bringen.

DIE EICHE EICHENHOLZ

Eichenholz gehört zu den verwitterungsbeständigsten Hölzern Europas

Eichenholz

Hell- bis dunkelbraunes Eichenholz ist sehr hart. Wenn in unserem Sägewerk Eichen geschnitten werden, ist diese Arbeit schon von Weitem zu riechen. Die ganze Umgebung duftet nach dem typisch fein säuerlichen Eichengeruch. Es ist die enthaltene Gerbsäure, die dem Holz den einzigartigen Geruch gibt.

Die Inhaltsstoffe verleihen der Eiche zusätzlich zur herausragenden Härte aber noch eine andere großartige Eigenschaft. Neben der Lärche gehört Eichenholz zu den verwitterungsbeständigsten Hölzern Europas. Unter Wasser wird es schwarz und ist dort praktisch ewig haltbar.

In einer Zeit, in der die Menschen erkennen, dass Holzschutz mit chemischen Mitteln und Giften viel zu viele schädliche »Nebenwirkungen« beinhaltet, die von immer mehr Leuten nicht mehr akzeptiert werden, bekommen Hölzer, die eine natürliche Verwitterungsresistenz über Jahrzehnte und Jahrhunderte besitzen, wieder eine neue große Bedeutung.

beginnt in der kleinen Ortschaft Schönram der beschilderte Heidewanderweg, der zum Eichensteg führt.

Aus Salzburg: durch Freilassing ca. 11 Kilometer in Richtung Waging nach Schönram. Am Ortsausgang von Schönram zu Fuß dem Schild Heidewanderung folgen.

DIE EICHE IN DER BAUMFAMILIE

Die Wurzel ist die Grundlage allen Lebens. Einige Pflanzen, die versucht haben, ohne Wurzel auszukommen, wie etwa die Moose und Flechten, konnten sich nur einige Zentimeter von der Erdoberfläche erheben. Jede größere Gestalt ist ihnen wegen der fehlenden Wurzel verwehrt geblieben.

Aus der Wurzelwelt der Bäume sticht die Eiche durch ein auffallend mächtiges und genial ausgeklügeltes Wurzelsystem hervor. In zwei Etagen wird die Erdwelt aufgeschlossen. Eine flache Wurzelschicht, die knapp unter der Erdoberfläche verbreitet wird, nutzt im Frühjahr die erste Wärme und die Sauerstoffzufuhr, die sich aus der Nähe zur Erdoberfläche ergibt. Darüber hinaus wird eine viel kräftigere Pfahlwurzel tief in das Erdreich hinabgetrieben. Dort unten gibt es auch in heißen, trockenen Klimaregionen im Sommer Feuchtigkeit.

Dieses System nutzt die knappen Ressourcen bestens und ermöglicht das Wachstum mächtiger Baumriesen im trockenen Weinklima. Außerdem macht das gesamte, unglaublich mächtige Wurzelsystem der Eiche den Baum zu einem Bollwerk der Wälder, das wie ein Fels in der Brandung den ärgsten Naturgewalten und Stürmen widerstehen kann.

Neben der riesigen Gestalt und der unglaublichen Standfestigkeit dieser Bäume fällt noch ihre Beständigkeit auf. Eichen können über 1000 Jahre alt werden. In der Waldentwicklung und Baumfamilie übernehmen sie neben der Stütze des gesamten Stammgefüges die Aufgabe der Erhaltung und Bewahrung der Wälder über Zeiträume, die wir Menschen als halbe Ewigkeiten empfinden. Beinahe alles an diesem Baum wirkt dauerhafter, kraftvoller, härter und schwerer, als wir das von anderen Bäumen kennen.

Bis kleine Eichenpflanzen zur mächtigen Gestalt reifen, vergehen Menschengenerationen, bis ein abgeschnittener Eichenstock wieder zu Humus wird, dauert es Jahrzehnte.

Die Eiche ist ein unvergleichbarer, kraftvoller und prägender Pol in unseren Wäldern. Ihre Aufgabe im Wald ist eindeutig. Ebenso klar ist ihre Wirkung auf uns Menschen.

DIE EICHE
Ruhige Wucht und feiner Klang

Nicht weit von der bayrisch, salzburgischen Grenze, zwischen Freilassing und dem Waginger See, führt ein gleichermaßen sonderbarer wie sehenswerter Weg durch ein Moor. Auf Pfählen, die mit Eichendielen beplankt sind, geht der Wanderer trockenen Fußes am Holzsteg über glucksend schwarze Tümpel, vorbei an schillernden Moorgräsern. Das Heidekraut, das gerade im Herbst, wenn schon alle Blumen verwelkt sind, blüht, lässt das ganze Moor noch einmal prachtvoll violett leuchten.

Jeder Schritt auf den von Sonne, Regen und Schnee silbergrau gefärbten Eichendielen erzeugt einen anderen Klang. Große Schuhe, Kinderschuhe, breite Dielen, schmale Dielen, schneller Schritt und ruhiger Gang auf längeren und kürzeren Hölzern sie alle bilden ein herzerfrischendes, hölzernes Freiluftxylophon-Konzert. Ding, dong, ding, der ruhige Klang und das Bild der verschiedenförmigen und doch so harmonischen Eichenpfosten am Steg holen den Besucher wie im Traum in eine verzauberte Welt, die mit der anderen, lauten und schnellen Welt unseres Alltages gar nicht viel gemeinsam hat.

An ein Xylophon haben die Zimmerleute beim Bau des Steges wohl nicht gedacht. Die Eichendielen sind aus einem anderen guten Grund ins Moor gekommen. Gerade hier im Naturschutzgebiet kommen vergiftete Hölzer, druckimprägnierte Beläge, deren Holzschutzmittel in das sensible Moorwasser gelangen würden, nicht in Frage. Wozu auch, wenn das Eichenholz dank seiner Gerbstoffe ohne jede Behandlung doch viel länger hält.

Übrigens, nach einigen Stunden im Moor ist ein Schluck frisches Bier direkt an der Quelle, im Bräustüberl, im benachbarten Schönram ein Hochgenuss und eine ausgezeichnete Möglichkeit, an Leib und Seele gestärkt, wieder in den Alltag zurückzukehren.

Anfahrtsbeschreibung für einen Ausflug ins Moor:

Aus München: Autobahnausfahrt Traunstein, von dort über Traunstein nach Waging am See. Ca. 11 Kilometer von Waging Richtung Freilassing

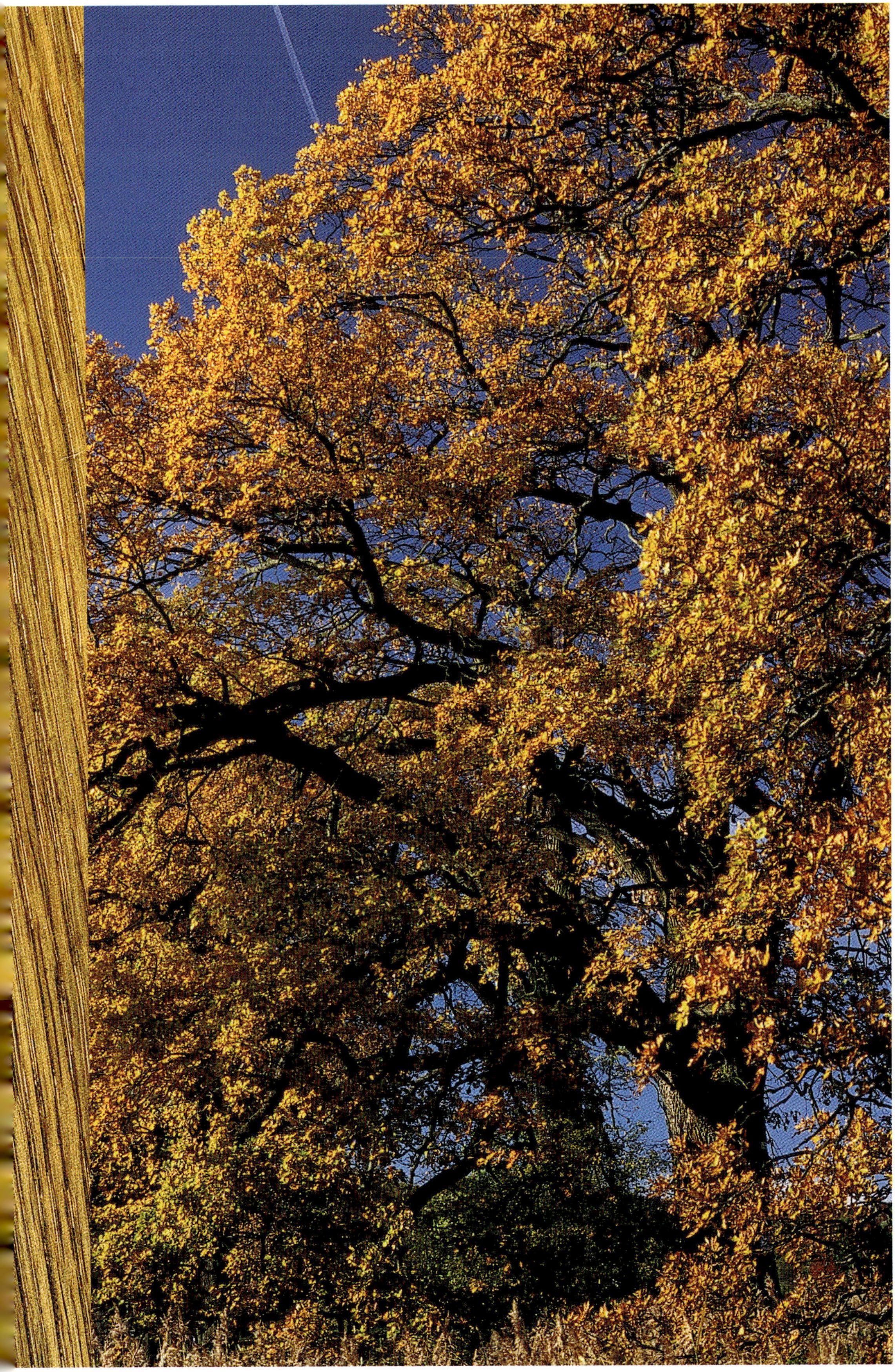

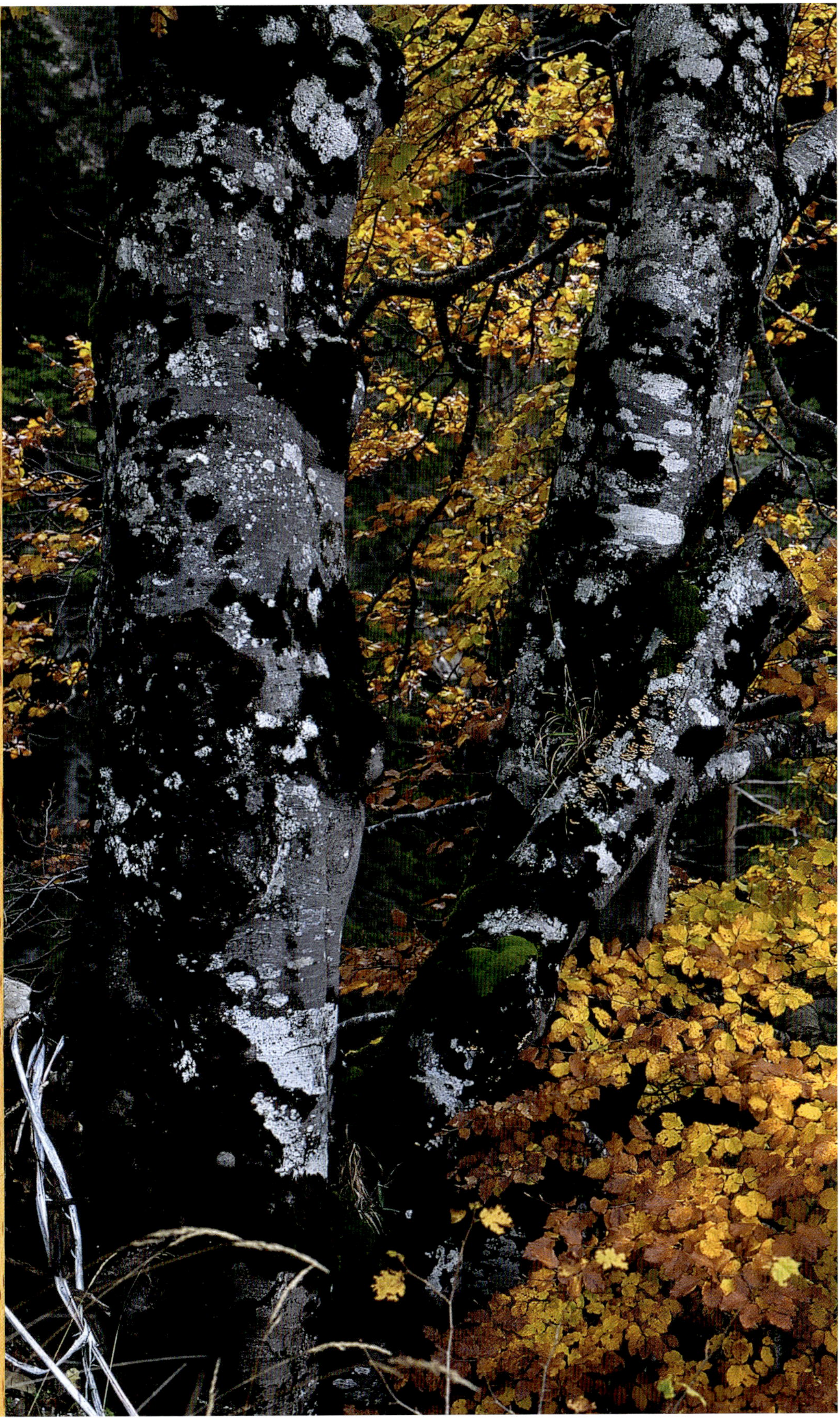

DIE BUCHE
Stets bei dir geborgen

Auf die Buche bin ich im wahrsten Sinne des Wortes geflogen. Die Sonnseite meines Forstrevieres in der Hinterriß war ein über zehn Kilometer langer Hang, an dessen Fuß sich der Rißbach talauswärts schlängelt und der bis zur Hochalmregion über die Baumgrenze hinausreicht. Bis auf wenige Mulden gibt es dort nur karge, schotterige Böden, die ihren Waldbäumen das Gesicht des Überlebenskampfes verleihen. Bizarre Schönheiten sind die Baumgestalten der Sonnseite, die kein üppiges Wachstum zulässt. An heißen Sommertagen flimmert der ganze Berghang vor Hitze und wer nicht unbedingt muss, setzt keinen Fuß in die glühenden Hänge. Trotzdem wurde auch hier für das Lebenselixier Wasser vorgesorgt. Sanft wirkende Latschenkare unter den Berggipfeln formen sich zu wilden Gräben. Mit Felswänden, Schluchten und Wasserfällen durchfurchen sie die Sonnseite tief und bahnen sich ihren unwegsamen Lauf zum Rißbach ins Tal.

An einem kalten, einsamen Dezembertag hatte mich ein Quergang auf der Sonnseite abseits gegrabener Steige in einen dieser elenden Gräben geführt. Ein wenig ratlos stand ich jetzt an einem zugefrorenen und verschneiten Wassergumpen. Trotz der schneidenden Kälte im schattigen Graben hatte mir das Stapfen die Schweißperlen an die Stirn getrieben. Mein Herz konnte ich bis zum Hals herauf klopfen spüren. Am Berghang reichte mir der Schnee bis zu den Knien, hier im Graben hatte der Wind die weiße Pracht bauchtief zusammengeblasen. Ja, die Querung des Grabens habe ich mir wirklich leichter vorgestellt. Bachaufwärts zeigte sich mir ein mehrere Meter hoher, vereister Wasserfall, bergabwärts war's das Gleiche, nur um einiges höher. Darunter wieder ein Gumpen und wieder ein Wasserfall. Die kleine Felswand, die auf dieser Höhe den Ausstieg aus dem Graben versperrte, habe ich gesehen, aber ich hatte gehofft, dass ich ein Stück bachaufwärts oder abwärts eine günstigere Stelle für die Querung finden könnte. Damit wird es wohl nichts! Wie zwei unüberwindbare

Barrieren versperrten die beiden Wasserfälle jeden Weg, der an der Felswand vorbeiführen könnte.

Ich schaute zurück und betrachtete meine waghalsige Spur, die mich hier hinein über die verschneiten Felsschroffen des steilen, auf dieser Seite baumlosen Hanges geführt hat. Mein Hund drückte seinen Kopf an mein Knie und schaute mich ruhig an.

»Zurück ist's genauso schlecht wie vorwärts. Was meinst du?« Der Hund sprang behende über den verschneiten Bach und schaute mich an, als wollte er sagen: »Komm endlich weiter!«

Ich beobachtete noch die Felswand. Vielleicht 15 Meter hoch war sie. Griffe und Tritte waren ja vorhanden. Für mich könnte das reichen. Aber der Hund. Über die senkrechten Felsen konnte ich ihn mit seinen 35 Kilogramm unmöglich hinaufbringen. Ja genau, dort am linken Rand liefen die Felsen in ein brüchigeres, schroffiges Gelände über. Unter meinem Gewicht könnten die Felsrunsen wegbrechen. Im steilen, festen Fels fühlte ich mich sicherer als im brüchigen Gelände, wo jeder Tritt und jeder Griff unsicher war. Noch dazu jetzt, wo alles vereist war. Ich wusste aber, dass der Hund dort viel geschmeidiger und leichter unterwegs war als ich und schickte ihn los. »Geh dort rüber«, mit der Hand wies ich ihm den Weg, »und dort oben wartest du. Dort oben, hörst du, dort oben komme ich hin. Geh jetzt.« Er hatte mich verstanden und ich konnte sehen, wie er geschickt, als wäre er eine Gämse, über die Schroffen kletterte.

Am Übergang vom felsigen Abhang zur bewaldeten Sonnseite angekommen, schaute er zurück. »Brav, sehr brav, geh jetzt dort rüber. So ist es brav, Faust, du machst das super. So ist es gut. Geh jetzt am Platz. Warte dort. Sehr brav!«

Der kleine Baum an der Felswand konnte mir nicht helfen. Sein Stamm war doch zu weit von den Felsen weg. Ich watete zum Fuß der steinernen Mauer und begann zu klettern. Langsam und vorsichtig. Bloß auf keine Eiskruste steigen. Fuß, Hand, Fuß. Der Stein ist eiskalt. Die Handschuhe kann ich oben wieder anziehen. Viel zu wenig Gefühl hätte ich mit der Wolle zwischen meinen Fingern und den Felsrunsen. Ich hörte schon den Hund hecheln. Der Treue! So etwas geht wohl auch nur, wenn man immer gemeinsam unterwegs ist. Ha, da ist ja schon der Ausstieg. »Ja Faust, da schaust du, wer hier auftaucht!«

Der letzte Griff war eine Felsplatte, an der ich mich mit beiden Händen anhalten konnte. Danach war nur mehr der Fuß auf den oberen Rand der Felswand zu setzen.

Da begann einer jener Augenblicke, die man wie Ewigkeiten erlebt und nie mehr vergessen kann. Wie ein Blitz durchfuhr es meinen Körper. Genau in dem Moment, in dem mein ganzes Gewicht an der Felsplatte hing, spürte ich, wie sich diese loslöste, wie sie wegbrach. Das Unbegreifliche war geschehen. Genau das, was ich bei allen anderen, niemals aber bei mir für möglich gehalten habe.

Mein Oberkörper glitt zurück ins Nichts. Weg vom haltenden Stein, hinaus in die haltlose Leere, hinunter in die grausame Tiefe. Das Ganze hat sich in einem Zeitraum abgespielt, der wohl kürzer als eine Sekunde war. In der zurückblickenden Erinnerung kam es mir trotzdem vor, wie wenn ein Film langsam abgespielt worden wäre. Mein Zug an der Platte, damit ich den Fuß auf die Kante stellen konnte. Danach das Gefühl, der Gedankenblitz: Hilfe, hier bewegt sich etwas. Dann die Lähmung. Ich hörte das unheimlich knirschende Geräusch des berstenden Steines und dann der Oberkörper, der vom Felsen förmlich wegkatapultiert wurde. Ich habe keine Ahnung, warum ich aus vollem Hals noch den Namen meines Hundes hinausschrie, bevor der Sturz in die Tiefe begann: »Faust!!!« Der freie Fall endete am Rücken im tiefen Schnee am Fuß der Felswand. Ein dumpfer Schlag, vor den Augen war alles dunkel.

Langsam spürte ich den eiskalten Schnee auf der Haut meines Gesichts. Ich hob den Kopf und wischte mir den ärgsten Schnee aus den Augen. Wer steckte in einem zweiten Schneekrater neben mir?

Mein Hund war ohne zu zögern gemeinsam mit mir in die Tiefe nachgesprungen. Dieser großartige, bedingungslos treue Begleiter rappelte sich aus seinem Loch heraus und ich spürte, wie seine warme Zunge den Schnee von meinen eiskalten Händen schleckte. Ich wollte ihn umarmen, den Guten und bemerkte erst jetzt, dass meine Füße und der Rücken wie eingegossen im Schnee steckten. Hinter meinem Kopf erhob sich die graue Felswand und daneben ragte die schneebedeckte Winterkrone der kleinen Buche nach oben.

Das Schneeloch hat mich dann doch ausgelassen. An diese Buche gelehnt, verspeiste ich gemeinsam mit dem Hund Faust die restliche Jause aus dem Rucksack.

Der Vorfall ist mir lange nicht mehr aus dem Kopf gegangen.

Noch nie zuvor habe ich einen eindrucksvolleren Beweis der Liebe, Treue und Zuneigung eines Tieres zum Menschen erleben dürfen. Kein Wunder, dass es mich in der schneefreien Zeit, in der dieser Graben viel leichter zu begehen war, immer wieder zur Buche an der Felswand gezogen hat. Der Platz an ihrem Wurzelanlauf wurde für den Faust und für mich zum festen Rast- und Jausenplatz, wann immer wir hier auf der Sonnseite zu tun hatten. Die glatte, silbergraue Buchenrinde, ihre gespannten Wurzelanläufe, die verschiedensten Gesichter des Baumes zu allen Jahreszeiten, all das konnte ich in ruhigen Minuten beobachten und dabei hat mir die gute Buche einiges verraten.

DIE BUCHE IN DER BAUMFAMILIE

Mutter des Waldes wird die Buche mit gutem Grund von den Forstleuten genannt. Mein Rastplatz unter der Buche auf der Sonnseite unterschied sich sehr von den Plätzen unter den Fichten und Kiefern. Weit und breit gab es dort nur trockenen Schotter und eine hauchdünne Erdschicht darüber. Unter meiner Buche aber schaute es anders aus. Wie in einer kleinen Oase gab es hier unter dem Buchenlaub des Vorjahres eine tiefe, wohlriechende Schicht vom besten Humus und Waldboden. Waldmeister und Sanikel gediehen hier auf kleinem Raum in freundlicher Nachbarschaft mit einer ganzen Reihe von anderen saftigen Kräutern.

Buchenlaub ist ein Wundermittel für karge Böden. Die Buche sorgt für gute Humusbildung und gründet tiefe, nährstoffreiche Böden für die ganze Baumfamilie. Das ist aber noch lange nicht alles, was diese gute Mutter für ihren Wald tut. Ihre mächtigen Herzwurzeln dringen in tiefe Erdschichten vor und schützen mit ihrer festen Verankerung auch die flachwurzelnden Fichten vor der Gewalt des Sturmes.

Was meinem Hund und mir als willkommenes Geschenk zugute kam. An den heißesten Sommertagen war nirgends so eine angenehm kühle Rast möglich, wie unter unserer Buche. Buchen verdunsten an heißen Tagen unglaubliche Wassermengen, bis zu 200 Liter pro Tag und Baum, und können so das ganze Waldklima ausgleichen und verbessern. Fichtenbestände in tieferen, wärmeren Lagen werden gegen den gefürchteten Borkenkäfer und gegen die zerstörende Fichtenblattwespe stabiler, robuster, wenn ein entsprechender Anteil an Buchen beigemischt ist.

So gutmütig und fürsorglich die weibliche Buche auch wirken mag, ihre Kräfte dürfen nicht unterschätzt werden. Die Buche zählt zu den größten Energiebäumen der europäischen Wälder. Mit mütterlicher Strenge gliedern und ordnen die klaren, silbergrauen Buchenstämme das Bild der Baumgemeinschaften. Sie schützen gegen Sturmgewalt und verleihen Abwehrkräfte gegen Insektenfraß. Vitalität und Lebenskraft bringt sie ein, diese große Dame. Mit ihrer klaren, mütterlichen Energie vermag sie sogar zur Urgewalt der Eiche einen Gegenpol zu bilden.

Buchenholz

Buchenholz ist eines der härtesten, schwersten und strapazierfähigsten Hölzer, die in unseren europäischen Wäldern wachsen. Dadurch, dass Buchenholz nicht sehr wasserbeständig ist, ergibt sich der ideale Einsatz im trockenen Innenausbau für Fußböden und Wandverkleidungen, Möbel und Gebrauchsgegenständen in allen denkbaren Variationen, vom Besenstiel bis zum Messergriff und zur Vorhangstange.

Holzverarbeiter aufgepasst: Das Energiebündel Buche hinterlässt auch im technisch messbaren Bereich seine Wirkung. Bei Veränderungen der Holzfeuchte sind die Quell- und Schwundmaße ca. doppelt (!) so hoch wie bei allen anderen Holzarten. Dennoch muss nicht kapituliert werden. Mit den Maßnahmen der Naturholzverarbeitung wie der Holzernte zum richtigen Zeitpunkt (Mondphase), Auswahl ruhig gewachsener, reifer Stämme und der natürlichen, langsamen Trocknung lässt sich auch Freundschaft zur Buche schließen. Die in unserer Werkstatt hergestellten, bis zu fünf Meter langen Vollholz-Bodendielen aus massiver, ungedämpfter Buche sind der beste Beweis dafür.

Thoma-Vollholzboden »Buche bunt«

Abfallholz, Buchenäste und Stämme, die wegen Fehler nicht höherwertiger verarbeitet werden können, liefern Brennholz mit höchstem Heizwert. Trockenes Buchenholz ist die »Kohle« unter den Brennhölzern.

Buchenfeuer wird wegen des guten Geschmackes gern zum Räuchern von Speck verwendet. Gleichgültig, ob zum Räuchern oder im Ofen, die Buche ergibt wie jedes Holz, dem die Behandlung mit giftigen Holzschutzmitteln und Leimen erspart bleibt, wunderbare Asche, die im Garten wieder zur Erde und Lebensgrundlage für junge Bäume wird.

DIE BEDEUTUNG FÜR DIE SEELE UND GESUNDHEIT

Mütter vieler Kinder wissen, dass es nicht nur einen Weg zur Vollkommenheit und zum Glück gibt. Sie sehen nicht die Fehler und Schwächen in ihren Schützlingen, vielmehr wissen sie, dass man aus Fehlern lernen kann, dass sich Schwächen ausgleichen lassen. Sie sehen nur das Gute und Schöne und ergötzen sich an allem Herzlichen und Liebevollen, was ihnen an ihren Kindern widerfährt. Toleranz und der Blick für die besten Seiten jedes Menschen gehören zu den wichtigen Buchengeschenken für uns Menschen.

Daneben kann jeder, der Schaffens- und Lebenskraft braucht, am naturbelassenen Fußboden und zwischen den Möbeln aus Buchenholz Energien tanken. Das Wunderbare an den Buchenkräften ist diese Verbindung von Klarheit und Ordnung.

Trotz dieser markanten Eigenschaften wirkt das ruhige, rötliche Buchenholz immer elegant und nie aufdringlich. Wie im Mischwald, so verständigt sich die Buche auch in der Wohnung als verarbeitetes Holz mit allen anderen Baumarten und Mitbewohnern gut und freundschaftlich. Die Buche kann daher mit fast allen anderen Holzarten harmonisch kombiniert werden. Es tut diesem Holz weh, wenn bei der Verarbeitung natürliche Farbverschiedenheiten, kleine Äste u.ä. allzu genau und penibel aussortiert werden. Da kann es schon passieren, dass die ordnende Wirkung der Buche in Strenge umschlägt. Eine tolerante, naturverbundene Haltung bei der Holzauswahl und Verarbeitung dankt uns die Buche mit kräftigender Anregung anstelle von Strenge. Diese wohltuende Kombination macht die Buche für viele Menschen zu einem idealen Begleiter in Räumen der Aktivität wie etwa Büro und Arbeitszimmer.

Die Esche

LACHEN, MILCH UND TÄGLICH BROT

Thoma-Vollholzboden in Esche

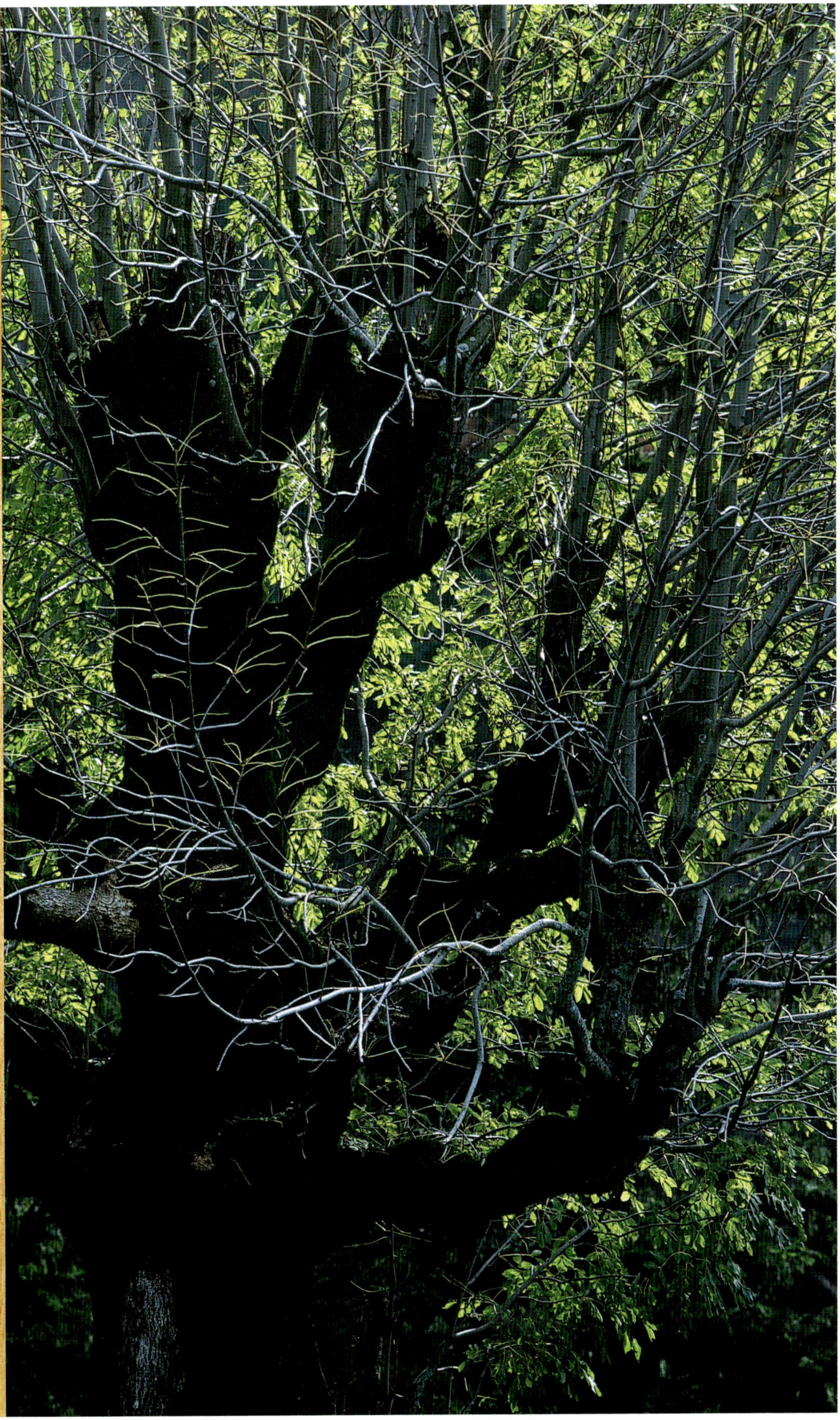

DIE ESCHE
Lachen, Milch und täglich Brot

Eschen begegne ich mit besonderer Dankbarkeit. Das hängt mit verschiedenen Eschenbäumen und Eschenhölzern zusammen, die von Kindheit an immer wieder auftauchten und einen nachhaltigen Segen hinterließen.

Damals stand an der Grenze zu unserem Nachbarn unweit von meinem Elternhaus ein Eschenbaum, der ganz still und leise eine Reihe wichtiger Aufgaben übernommen hatte.

Wer heute aufmerksam durch die Landschaft und durch jüngere Einfamilienhaussiedlungen geht, der kann beobachten, wie sich die Menschen gegenseitig verbarrikadieren und alle möglichen und manchmal auch unmöglichen Zaunkonstruktionen in die Gärten stellen, damit sie vom Nachbarn abgesondert sind. Unter unserem Eschenbaum war das anders. Dort wurde genau auf der Grenze eine einfache Holzbank aufgestellt. In den heißen Mittagsstunden des Sommers oder auch am Abend, wenn die Arbeit ruhte, trafen sich dort die benachbarten Erwachsenen beim schattigen Eschenbaum, tratschten und schauten mit dem Pinoggel auf die Berggipfel hinauf. »Hoagascht« hieß dieser regelmäßige Gedankenaustausch im Pinzgauer Dialekt. Pinoggel nannte man das Fernglas, an dessen Kanten und Ecken das Metall vom vielen Angreifen silbern durch die schwarze Beschichtung durchschimmerte. Wir Buben durften nur ganz selten unter Aufsicht des stolzen Besitzers und nur mit umgehängtem Halteriemen durchschauen. Da war kaum mehr zu erkennen als mit dem freien Auge. Der Reiz und der Wert eines Blickes durch das Nachbarpinoggel hat darunter jedoch trotzdem nicht gelitten. Es war ja selten genug erlaubt, durchzuschauen.

Auf dieser Eschenbank erzählte der unvergessliche Nachbar Robert von riesigen Kaulquappen, die bei ihm Maulquappen hießen, er wusste von Eier legenden Hähnen und schwärmte von seiner Zeit, als er Ranggler-könig[*] (Hogmoar) am Gipfel des Hundstein wurde.

Sobald wir Buben bemerkten, dass sich Erwachsene auf der Eschenbank trafen, turnten wir in das Geäst hinauf, stocherten unendlich gelangweilt in

---
[*] Das Ranggeln ist ein alpenländischer Sport der dem Ringen ähnlich ist

einem Astloch herum, wurden stiller und stiller und bekamen dabei Ohren, so groß wie ein »Traktorsitz«. Meistens wurden wir geduldet.

Manchmal passierte es aber, dass die Nachbarin in die Krone hinaufschaute, uns Buben sah und dann hieß es »Schindel am Dach.« Wir hatten bald herausgefunden, dass das eine Geheimsprache der Großen war, wenn über etwas gesprochen oder gelacht wurde, was nicht für unsere Ohren bestimmt war.

Jahre, nachdem wir Buben Mutters Nest verlassen hatten, hatte die Esche ein derart riesiges Kronendach über den angrenzenden Gemüsegarten gebildet, dass dort mangels Licht das Wachstum stark eingeschränkt war.

Der Eschenbaum wurde gefällt, aber seine gute Wirkung auf die Nachbarschaft ist geblieben. Von den Erwachsenen, die seinerzeit auf der Eschenbank gesessen sind, leben nur noch meine Mutter, die ihren Siebziger längst gefeiert hat und der Nachbar Robert, der gerade im zweiundneunzigsten Lebensjahr steht.

So wie es immer war, helfen sich die Nachbarn, wenn es notwendig ist. Die beiden packen gemeinsam an, wenn die einzelne Kraft schon zu sehr nachgelassen hat und erzählen sich immer noch so manche heitere Geschichte. Wenn dann die Enkerl auftauchen, kann es immer noch passieren, dass es heißt: »Schindel am Dach!«

Hexi und Greti

Einen weiteren Segen, der von den Eschenbäumen ausgeht, konnte meine Familie ebenfalls im Karwendelgebirge ernten. Beim Kapitel Ahornbaum habe ich die extrem abgeschiedene Lage des Forsthauses bereits geschildert. Unsere wachsende Kinderschar brachte dort ein Problem für uns. Der Winter im Forsthaus dauerte ein halbes Jahr und manchmal sogar noch länger. Das nächste Geschäft war ungefähr vierzig Kilometer entfernt und durch Lawinen manchmal unerreichbar. Woher sollten wir da frische Milch für die Kinder hernehmen?

Die Lösung für die fehlende Milchversorgung hatte mit einigen Eschen, die mit ihren weit ausladenden, dicht belaubten Ästen in den Karwendeltälern wurzelten, zu tun. Von den Pinzgauer Bergbauern meiner Heimat wusste ich, dass das Laub einer alten Esche nicht nur geeignet war, Milchproduzenten der besonderen Art über den Winter zu füttern. Vielmehr war trockenes Eschenlaub einer der größten, begehrtesten und gesündesten Leckerbissen für Ziegen!

Den Eschen selbst tat das meist zweijährliche Abschneiden der feinen Triebe samt dem Laubwerk, in den Alpen vielerorts »Schnaiteln« genannt, nicht weh. Die überaus triebigen und wuchsfreudigen Bäume reagieren mit urigsten und knorrigsten Formen auf diesen Schnitt und so mancher Charakterbaum in der Berglandschaft ist durch das »Schnaiteln« entstanden.

Kurzum, eine eigene kleine mit Eschenlaub gefütterte Ziegenherde sollte uns die kostbare Milch liefern.

Hier über Ziegen zu schreiben, würde den Rahmen des Buches bei Weitem sprengen. Eines sei aber gesagt. Ziegen gehören zu den intelligentesten Tieren, die mir jemals untergekommen sind. Mit Glück kann man ein Ziegenexemplar erwischen, das dem klügsten und treuesten Hund das Wasser reicht. Dass Ziegen jedoch im Gegensatz zu Hunden ihre Intelligenz gar nicht ungern dazu einsetzen, ihre menschlichen Gefährten auf die Probe zu stellen, was nicht selten in ausgesprochene Bosheiten ausartet, darf auch nicht verschwiegen werden.

Als kleines Beispiel dafür möge der Einzug der Ziegen in unser Hinterrißer Forsthaus geschildert sein: Als Buben haben wir es zwar genossen, verbotenerweise aus dem Euter weidender Kühe einige Schluck Milch für den schnellen Durst herauszumelken, trotzdem war ich bis zu diesem unvergesslichen Tag kein großartiger Melker vor dem Herren. Von meinem Freund und Lehrmeister, dem ziegenerfahrenen Hinterrißer Wildmeister Fritz Löffler, nahm ich daher gern seine Ratschläge hinsichtlich Euterbeschaffenheit und gut melkbarer Zitzen mit auf die Wanderung durch die heimatlichen Ziegenställe.

Nach verschiedensten Stallbesuchen und zwei, von diversen Ziegen abgebissenen Schuhriemen, sowie einem, von einem restlos harmlos meckernden vierbeinigen Zeitgenossen abgerissenen und sofort zur weiteren Verdauung einverleibten Knopf meines Lodenjankers, war die Entscheidung getroffen. Die kleine Hexi, eine wunderschöne, dunkelbraune, einjährige Pinzgauerziege sowie die unglaublich große, keiner Rasse zuordnungsfähige Greti, die sich aber durch ihre Erfahrung als Leitziege auszeichnete, sollten die Mütter unserer Ziegenherde werden. Was sich hinter diesem Begriff Erfahrung als Leitziege verbirgt, hatte uns die Greti in den folgenden Jahren beigebracht. Überdurchschnittliche Klugheit, die fließend in das ausgekochteste Schlitzohr übergeht, Anhänglichkeit und Treue, die bis zu einem für Wiederkäuer unvorstellbaren Mut reicht, eine Auffassungsfähigkeit, die in Kombination mit dem »Warten können« und der vielen Zeit, die aus menschlicher Sicht so einer Ziege zur Verfügung steht, stets dafür eingesetzt werden, gerade das nicht zu tun, was man von seiner

Ziege erhofft. Diese und noch weitere Variationen der Ziegenkreativität waren aber vorerst noch nicht mein Problem.

Zwei zickige Ziegen

Ich hatte eben zwei Ziegen erworben, die noch in zwei verschiedenen Ställen standen und am nächsten Tag in die knapp zweihundert Kilometer entfernte Hinterriß transportiert werden sollten.

Ziegenunerfahren, aber guten Willens bereitete ich alles bestens vor. Der Laderaum im Kombi war ohnedies durch ein stabiles Hundegitter vom Fahrgastraum abgeteilt. Warum sollte diese sonst dem Hund vorbehaltene Fläche nicht für kurze Zeit als Ziegentransportraum dienen?

Die Einwände meiner um das noch ziemlich neue Auto besorgten Frau entkräftigte ich mit technischen Maßnahmen.

Der Boden wurde mit wasserdichter, an den Seiten hochgezogener Folie ausgelegt. Darüber hinaus schaufelte ich noch eine dicke Schicht saugfähige Sägespäne auf die Folie. Zur freundlichen Begrüßung wurden die Späne mit dem allerwürzigsten Heu von unseren Bergwiesen zugedeckt.

Das ganze Auto duftete wunderbar nach getrockneten Kräutern. Noch!

Zuerst bestieg die große Greti durch die Heckklappe das Familienfahrzeug. Ihre Augen blinzelten zwar, außerdem beschnupperte sie wie ein Hund ausgiebigst den Wagen, sonst verhielt sie sich aber wie wenn sie »nicht bis drei zählen könnte.« Sie schaute so gutmütig, dass ich den Strick an ihrem Halsband ziemlich lose an das Hundegitter band. Die Gute sollte ja ihre Bewegungsfreiheit haben, falls sie mein vorerst verschmähtes Heu doch noch probieren möchte. Die Fahrt ging los, im Rückspiegel konnte ich sehen, wie ein scheinbar ganz und gar gelangweiltes Ziegengesicht sehr genau jede meiner Bewegungen beobachtete.

Die kleine Hexi stieg nicht ganz so ruhig zu. Aufgrund ihrer Jugend stand sie eben noch nicht über den Dingen und nach einigen zickigen Einlagen hielt ich es doch für besser, die Stricke der beiden kürzer an das Hundegitter zu binden. Was ich zu wenig beachtet habe, einer neuen Ziege zeigt die Leitgeiß allzu bald die Rangordnung. Kurz nachdem ich den Wagen über den Paß Thurn gelenkt hatte, meinte die Greti wohl, dass die Zeit dafür reif wäre. Plötzlich sah ich im Rückspiegel keine treuherzigen Ziegengesichter mehr, sondern herumfliegende Heuschüppel und Sägespäne, die durch das ganze Auto gewirbelt wurden. Meine entsetzte Notbremsung zeigte auch auf die Ziegen ihre Wirkung. Wäre die Hexi nicht über und über voller Sägemehl gestanden und wäre nicht dieses Heubüschel, das von Gretis großen Hörnern herunterhing und ihr das Bild eines aus der Schlacht kommenden Seepiraten verlieh, ohne diese Spuren des Vorfalls hätte ich glauben können, da stehen zwei Unschuldslämmer vor mir. Gutmütig ließ sich die große Ziege reinigen, die kleine zickte ein wenig, danach ging die Fahrt weiter. Als hätte die Greti es gewusst, dass ich mit dem Lenkrad in der Hand bezüglich der Ziegen ausgesprochen handlungsunfähig war, zettelte sie bald das nächste Scharmützel an, um sich nach meiner Notbremsung neuerlich lammfromm putzen zu lassen, als wäre nichts geschehen. Dieses üble Schauspiel wiederholte sich, bis ich selbst der kleinen Hexi ähnlich war und alles, wirklich alles im Auto mit einem Belag von Sägemehl »weihnachtlich« beschneit war.

Die Greti hing jetzt so kurz am Hundegitter, dass ich noch vor kurzer Zeit jeden, wirklich jeden, der eine Ziege so kurz anhängt, einen herzlosen Tierquäler genannt hätte. Meine Wut war schon in blanke Verzweiflung übergegangen und siehe da, plötzlich wurde es ruhig. Ein zarter Hoffnungsschimmer dämmerte in mir, als ich den Wagen durch Kitzbühel lenkte und die Greti immer noch ganz ruhig am Hundegitter stand. Allein an der Aufgabe wächst die Ziegenfantasie. Mitten in der Stadt setzte die Greti ihre langen Hörner technisch perfekt durch das Gitter auf der Lehne des Rücksitzes an. Mit einer gekonnten Drehbewegung und dem dazu gehörenden Krachen flog das Gitter aus den Angeln und auf die Ziegen. Die vermeintliche Freiheit führte sofort zum nächsten Raufhandel. Bis ich mitten auf der dicht befahrenen Hauptstraße vor dem erstaunten Hintermann den Wagen stoppte, heraussprang, zurücklief und die Heckklappe aufriss, lag da schon ein erbärmlich meckerndes Knäuel Ziegenetwas vor mir. Schwarze Ziegenfüße, braune Ziegenfüße, Ziegenhörner, alles war irgendwie in und um das Gitter verflochten. Eine lag auf der Anderen und das Gitter dazwischen. Ziegen – ich sah nur mehr Ziegen und ich musste den biologischen Knoten mitten in der Stadt auf der Hauptstraße zwischen vorbeifahrenden Autos auflösen. Die Insassen des Wagens hinter mir starrten regungslos mit offenen Augen und offenem Mund auf das Schauspiel, das wir hier boten. Die Greti, die ich als erstes auslöste, wollte kaum befreit, sofort zu einem Spaziergang durch Kitzbühel aufbrechen, sodass ich sie notdürftig an die Anhängekupplung des Autos band. Der Schweiß tropfte nicht, er floss mir vom Gesicht, als ich ins Auto kriechen musste, um die Hexi zu befreien, die unter dem verklemmten Gitter eingekeilt war. Die Fahrzeuge schlängelten sich an uns, die wir die halbe Fahrspur versperrten, vorbei.

Ich schwitzte im Heck des Wagens wie in einer Sauna. Die Greti stand jetzt draußen und beobachtete interessiert die vorbeifahrenden Fahrzeuge und ihre Insassen. Sie ging das ganze Theater ja nichts an. Irgendwie sind wir dann aus der Stadt hinausgekommen. Das Gitter flog nach meiner amateurhaften Reparatur wieder, war verbogen und funktionsuntüchtig und irgendwann steckte dann ein Ziegenhorn in der textilen Innenverkleidung unseres Autos und dann, dann kam wieder so eine unheimlich brave und stille Phase. Das war auf der Inntalautobahn. Absolute Ruhe bei den Ziegen. Da sah ich, wie sich die Greti ganz langsam querstellte. Sie legte dabei den Kopf ganz ruhig über die Kleine, die jene Geste über sich ergehen ließ und presste ihr Hinterteil gegen die Glasscheibe. Gleichzeitig krümmte sie ihren großen schwarzen Rücken, als wäre er kein Ziegen- sondern ein Katzenbuckel. Das geschah ganz langsam und ohne jede Aufregung. Trotzdem schwante mir nichts Gutes und ich überlegte, ob ich nicht doch zur Vorsicht am Pannenstreifen anhalten sollte. Dieser Gedanke war noch nicht zu Ende gedacht, als es ohnehin schon zu spät war. Ein mächtiger, gelber Bach sprudelte unaufhaltsam aus der Greti heraus, der Scheibe entlang, über die Verkleidung des Wagens hinunter, wo er unter der hochgezogenen, wasserdichten Folie verschwand. Der Glaube, dass ich jetzt wirklich nichts mehr zu verlieren hatte, der war wohl die einzige Kraft, die mich jetzt noch weitertrieb. Schlimmer konnte es einfach nicht mehr kommen – habe ich gedacht.

Mühsamer »Amtsschimmel«

Um in unser abgelegenes Forsthaus zu gelangen, musste ich ein Stück über deutsches Staatsgebiet fahren und damals, als das Wort EU in Österreich noch einen ziemlich exotischen Klang hatte, zwei Zollämter passieren.

Beim Zollamt am Achenpaß angelangt, hielt ich den Wagen und ein Zöllner streckte wie gewohnt die Hand aus, um den Pass entgegenzunehmen. Gleichzeitig kurbelte ich das Fenster herunter. Noch bevor ich meinen Pass aus dem Fenster reichen konnte, sprang die Greti mit ihren Vorderbeinen auf den Rücksitz. Ihr schlanker, schwarzer Hals mit den langen grauen Hörnern schoss über meine Schulter hinweg beim Fenster hinaus, hin zur Hand des Zöllners, in der sie wohl ein Zuckerstück oder eine andere Köstlichkeit vermutete. Dieser stieß überwältigt von der Szene einen entsetzten Schrei aus und sprang mit einem mächtigen Satz zurück, als wäre es der Teufel selbst, der hier nach ihm schnappte. Das Unheil nahm seinen Lauf.

DIE ESCHE LACHEN, MILCH UND TÄGLICH BROT

Unsere Greti  und ihr geliebtes Eschenlaub

Gretis Kopf war jetzt nicht mehr in das Auto zurückzubekommen. Genauso geschickt wie sie vorher die Hörner stromlinienförmig an den Hals angelegt hatte, spreizte sie diese nun weg. Ein experimenteller Härtetest mit ihren Hörnern am Lack des Autodaches war das, was mir gerade noch fehlte. Um zu verhindern, dass sie das Auto auch noch von außen verwüstete, kletterte ich daher so schnell es ging, beim Beifahrersitz hinaus, damit ich die fröhlich meckernde Greti im wahrsten Sinn des Wortes bei den Hörnern packen und in das Auto zurückbefördern konnte. Das halbe Zollamt war zusammengelaufen, um den schwarzen, siegesgewiss meckernden Teufel mit der weißen Blesse im Gesicht zu bestaunen.

Ich aber bekam es mit einem noch schlimmeren Tier zu tun, als es die Greti zu ihrer ärgsten Zeit jemals sein konnte. Mit strenger Miene wurde ich in das Amtsgebäude beordert. Dort wartete er schon der »Amtsschimmel!«

Impfpass, Herkunftsnachweis, Zuchtpapiere, Rechnungen, beglaubigte und bescheinigte Zettel aller Art sollte ich vorweisen. Immerhin, ich wollte ja mit zwei Ziegen ins »Ausland«. Nichts dergleichen, gar nichts konnte ich vorweisen. Der Amtsleiter wurde hinzugezogen und nach kurzer, aber eingehender juridischer Beratung verkündeten die Herren, dass ich zwar amtsbekannt sei, aber Vorschrift bleibe trotzdem Vorschrift. Es gäbe keine andere Möglichkeit, meinte einer der Zöllner, ich könne nur umdrehen und mit meinen Ziegen denselben Weg zurück antreten!!!

Wie ein Häufchen Elend sank ich in einen Stuhl. Das war einfach mehr als ich mir jemals vorstellen konnte. Das Einzige, was ich wusste, war, dass ich lieber beim Zollamt übernachtete, als noch einmal mit den Untieren in meinem Auto den weiten Weg zurückzufahren. Ratlos und hilflos bin ich dort gesessen, ein Häufchen Elend, als plötzlich die unerwartete Rettung kam. Die Greti selbst war es, die mir den Durchfuhrschein auf das Allerschnellste besorgte. Die Zöllner wollten mich sitzen lassen und sich wieder ihrer Arbeit zuwenden, als einer ihrer Kollegen aufgeregt hereinstürzte. »Die Goaß, die Goaß«, brüllte er, »die richtet dem sein ganzes Auto hin!« Alles lief hinaus und in meinem Auto flogen gerade wieder einmal die Späne. »Tu doch was«, rief einer, »die Viecher ruinieren ja alles.« Ich zuckte melancholisch mit den Achseln. »Es ist zwecklos. Das geht schon die ganze Fahrt so!« Der Zollamtsleiter schaute ungläubig, verschwand im Gebäude und kam kurze Zeit später mit verwandelter Miene wieder heraus. »Hier hast du deinen Durchfahrtsschein. Die Viecher bleiben ja ohnehin in Tirol. Ich habe die Kollegen angerufen, dass du in einer halben Stunde in der Hinterriß bist. Schau, dass Du jetzt schnell weiterkommst!« In der Hinterriß kontrollierten dann nicht nur zwei Zöllner das Einhalten des unbürokratischen Durchfuhrscheines. Meine Frau und die Kinder warteten ebenfalls schon sehnsüchtig auf den Papa mit den neuen Familienmitgliedern. Zur Ehrenrettung der Greti soll nicht unerwähnt bleiben, dass die Besorgung der Zollpapiere nicht ihre einzige gute Tat war. Sie entpuppte sich in den Jahren als ausgezeichnete Leitziege, gab unserer Familie viel kostbare Milch und wurde eine rührende Ziegenmama.

Gesundes Eschenlaub

Wer die Reize und Abenteuer der Ziegenhaltung auf sich nimmt, wird aber überdurchschnittlich belohnt.

Die Ziege ist ein ausgesprochen selektiver Fresser. Ziegen mähen niemals wahllos ganze Flächen ab. Das beste Kräutlein wird mit Liebe und Verstand ausgewählt. Diese Leckerbissen hinterlassen ihre Spuren in der Milch.

So ähnlich wie der Dinkel unter allen Getreidesorten wegen seiner gesegneten Wirkung für die Gesundheit herauszuheben ist, verhält es sich mit der Ziegenmilch innerhalb der Milcharten.

DIE ESCHE LACHEN, MILCH UND TÄGLICH BROT

Besonders für Menschen mit Atemwegserkrankungen, Lungenschwäche, aber auch bei mancher Allergie kann die Umstellung von Kuh- auf Ziegenmilch wahre Wunder wirken. Wer Ziegenmilch trinkt, nimmt wie die Ziege selbst die Kraft der allerbesten Gräser, Kräuter und – Eschenblätter in sich auf. Hier taucht wieder unsere Esche auf. Ihr Laub gehört im Sommer frisch und im Winter getrocknet zu den beliebtesten Leckerbissen für die Ziegen. Mit ihrem wachen Instinkt entscheiden sie sich für das Eschenlaub, das eine Ziegenherde tatsächlich gesund und in allerbestem Zustand erhält.

Kein Wunder, dass ich als Förster ganz besondere Anstrengungen machte, um die Eschen im Revier zu halten und im Mischwald zu vermehren. Einige mächtige Eschenbäume wurden von uns in der Tradition der Bergbauern alle zwei Jahre »geschnaitelt.«

Für die Kinder war das immer ein kleines Fest, wenn sie mit dem Opa und dem Papa auf die Alm fahren durften, damit die dick belaubten Triebe zum Trocknen nach Hause gebracht wurden.

Im Winter bekamen die Ziegen dann an jedem Tag vor dem Melken einen Eschenast mit dem knusprig trockenen Laub. Die Leitziege Greti hatte sich ohne Ausnahme an jedem Morgen durch ein freudiges Meckern und das anschließend sanfte Knabbern an meinem linken Ohr bedankt. Wohlgemerkt, sie knabberte nur mit den Lippen, die Zähne hätte sie da nie benutzt. Danach durfte ich die kostbare Milch aus ihrem Euter melken und sie machte sich genussvoll über ihren Eschenast her. Dass unsere Ziegen immer gesund und in bestem Zustand über den langen Karwendelwinter kamen, schrieben wir nicht zuletzt dem Eschenlaub zu.

DIE ESCHE IN DER BAUMFAMILIE

Die Rolle des guten und verbindenden Nachbarn konnte ich beim Eschenbaum nicht nur in meiner Kindheit am Zaun zum Nachbarn beobachten. Auch im Wald und in der Baumfamilie fällt die Esche als besonders ausgeglichener Vertreter zwischen Extremen auf.

Auf der einen Seite können die schnellwüchsigen Eschen zwar nicht so meisterhaft wie die Pioniere Erle und Birke, aber doch gleich danach unkompliziert junge und schwierige Böden besiedeln. Andererseits genießen sie sehr wohl üppige, tiefe Gründe, bringen dort riesige, bis über 30 Meter hohe Gestalten hervor und können im Gegensatz zu den vorauseilenden Vorreitern Birke und Erle mehrere hundert Jahre alt werden.

Mit der tiefen Herzwurzel und dem harten, zähen, dauerhafte Holz reiht sich die Esche wieder in die Gruppe der großen und mächtigen Bäume ein.

DIE ESCHE ESCHENHHOLZ

Eschenholz

Eschenholz ist sehr hart und dauerhaft. Zwei Eigenschaften heben das Eschenholz jedoch aus der Reihe der Harthölzer heraus. Die Faser der Esche bildet ein unglaublich zähes und biegsames Holz. Aus diesem Grund war die Esche für die alten Wagner bei der Fertigung gebogener Teile einer der wichtigsten Werkstoffe. Auch ganze Generationen von Ski- und Sportgeräten sind aus Eschenholz entstanden.

Die zweite besondere Eigenschaft wird vor allem von ordnungsliebenden Hausfrauen und -männern geschätzt. Die in höheren Lagen wachsende Bergesche bildet im Stammesinneren einen schönen, dunkelbraun gefärbten Kern. Durch die Maserung bekommen Fußböden aus Eschenholz ein abwechslungsreiches Gesicht. Das Großartige an der Struktur ist die

Thoma-Vollholzboden »Esche bunt«

Unempfindlichkeit gegen Schmutz. Überall, wo Fußböden besonders beansprucht und beschmutzt werden, ersparen harte Dielen aus Bergesche dem »Reinigungspersonal« eine Menge Arbeit und Ärger. Dass er daneben noch wunderschön ist, macht einen bunten Bergeschenboden für ein Leben lang zum geschätzten und verlässlichen Begleiter.

DIE BEDEUTUNG FÜR DIE SEELE UND GESUNDHEIT

Die Esche verbindet Extreme. Sie zeigt uns einen besonnenen Mittelweg. Besonnenheit und ständige wache Geistesgegenwart, die für überlegtes Handeln sorgen, sind denn auch die Botschaften und Gaben, die wir von der Esche und ihrem Holz empfangen.
Für Menschen, die die ausgesprochen energiereiche Buche oder die kräftige und mächtige Eiche als bedrängend, manchmal auch als zu starr empfinden, ist die Esche eine fantasievollere, biegsamere und beweglichere Alternative.

Ein weiteres Geschenk der Esche, die Entwicklung starker Willenskraft, hat besonders mit ihrem zähen Holz zu tun. Zähe Ausdauer des Körpers wie auch des Geistes können nur Menschen mit starker Willenskraft entwickeln. Die Meditation der Esche und ihr dauernder stiller Einfluss, zum Beispiel durch einen Eschenholzfußboden oder Möbelstücke, sind ausgezeichnete Hilfsmittel, um die eigene Willenskraft zu trainieren, zu stärken und zäh wie Eschenholz werden zu lassen.

Die Fichte

GESPANNT ZWISCHEN HIMMEL UND ERDE

Thoma-Vollholzboden in Fichte

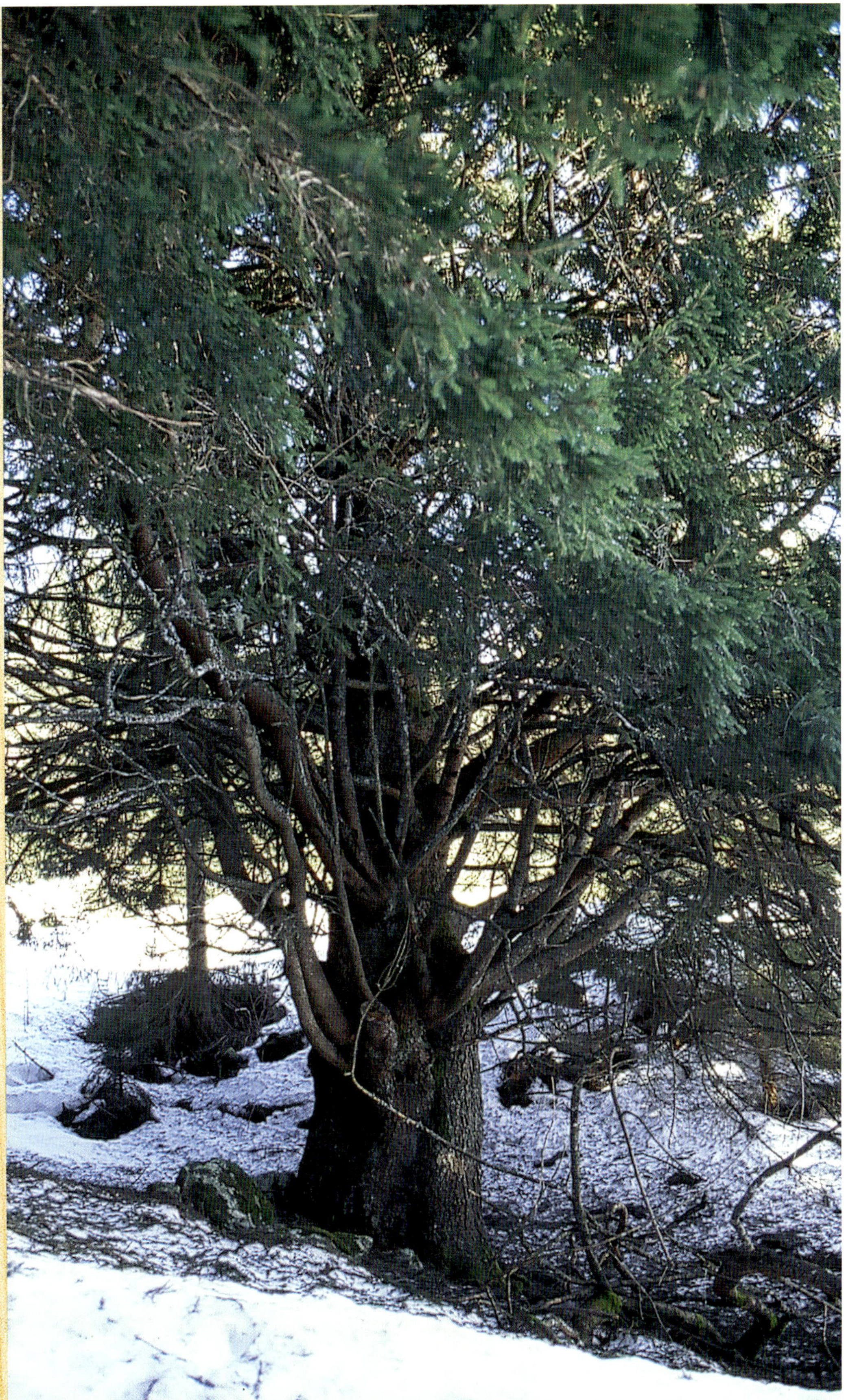

DIE FICHTE

Gespannt zwischen Himmel und Erde

Wohl kaum ein Baum verkörpert so viele Wirkungen und Möglichkeiten in unseren mitteleuropäischen Wäldern wie die Fichte. Gerade im Bereich der Alpen sind die meisten gut erhaltenen uralten Holzbauten, die oft fünf und mehr Jahrhunderte auf dem Buckel haben, aus Fichtenholz gezimmert worden. Mit einfachsten Mitteln und auf den ersten Blick primitiven Handwerkzeugen, wurden die hellen Balken durch die kundigen Hände unserer Vorfahren gefühlvoll zu manch hölzernem Kleinod veredelt.

Gerade aus Fichten sind auf natürliche Weise kostbare, harmonische, aber auch kühne Bauten für Jahrhunderte entstanden.

Kein Wunder also, dass die Fichte bei der Wiederentdeckung manch alter Geheimnisse und bei der Entwicklung einer menschen- und umweltgerechten Naturholzverarbeitung eine besondere Rolle spielt.

Häuser zu bauen, die ohne Gift und schädlicher Chemie ihren Bewohnern Geborgenheit im Kreislauf der Natur bieten, ist eine der ganz großen Herausforderungen an unsere Generation. Bei dieser Aufgabe führt kaum ein Weg an dem reichlich nachwachsenden Holz unserer Wälder vorbei.

Besonders Fichtenholz steht in nahezu unbegrenzter Menge zur Verfügung. Allein in den Wäldern von Deutschland, Österreich und der Schweiz bleiben jedes Jahr vom jährlichen Zuwachs ca. 40 Millionen (!) Festmeter Holz ungenutzt.

Aus diesem ungenutzten Zuwachs könnten Jahr für Jahr ohne zusätzliche Rohstoffproduktion ca. eine halbe Million Einfamilienhäuser zur Gänze aus Holz errichtet werden. Dabei sind hier keine Billigstbauten kalkuliert, sondern massive Holzhäuser mit herausragenden bauphysikalischen und baubiologischen Qualitäten.

Wir bauen Häuser aus Beton, Treppen aus Stahl, Fenster aus Plastik ... und merken gar nicht, wie weit wir uns von der Natur entfernt haben.

Bei der Rückbesinnung auf eine sinnvolle, natürliche Kreislaufwirtschaft mit neuen Arbeitsplätzen, gesunden Häusern und bleibenden Werten für unsere Kinder, spielt die Fichte als die landschaftsprägendste aller Bäume in Mittel- und Nordeuropa die erste Geige. Wenn es darum geht, gesundes baubiologisches Wohnen für jedermann zu ermöglichen, dann darf das nicht teuer sein. Nicht teurer als konventionelle Lösungen.

Ihr Holz und was daraus entstehen kann, ist nur eine Seite der Naturerscheinung Fichte. Der harmonisch aufstrebende Baum hat uns Menschen mehr zu sagen. Vieles liegt noch in ihm verborgen, liegt bereit für unser Glück.

Unerbittliche Auslese, die brachiale vernichtende Gewalt der Elemente begegnen uns in diesem wunderbaren Baum genauso, wie der zarte betörende Kuss der Muse. Nach den folgenden Fichtenstürmen tauchen daher gemeinsam mit Einbaumtannen noch einmal Geigenfichten, die sogenannten Haselfichten auf.

Stille und Sonnenschein, was würden Sie bedeuten wenn es keine Stürme gäbe?

Wer mag da noch einen Sinn erkennen, wenn sie gnadenlos heulend in den Wald dringen, ewige Stämme wie Halme brechen und oft genug Verwüstung und Vernichtung hinterlassen? Als würde das alles nicht reichen, verbünden sie sich auch noch mit Blitz und Hagelschlag. Mit ihren schauerlichen Gefährten durchkämmen sie Jahr für Jahr das Land, die Forste in den Tälern und auf Berghängen bis zum höchsten Gipfel hinauf. Wehe dann dem Baum, dessen Stamm schon morsch geworden war. Vorbei ist es im brausenden Orkan mit jenen, deren Kronen allzu breit und protzig Angriffsfläche bieten. Kein Heil können die, die zuwenig auf ihre Wurzeln achten, erwarten. Kurz sind die Augenblicke der Unwetter, doch ihre Wirkung, die reicht weit. Jeder gestürzte Baum bedeutet Raum und Licht für die vitale Jugend. Neues Leben, neue Arten, junge Formen warten immer auf ihre Zeit. In alle Ewigkeit wird jemand auf den nächsten Sturm harren, um danach lebensfroh die Lücken zu füllen, endlich seiner Aufgabe entgegengehen zu können. Fichten werden von den pfeifenden Winden aller Jahreszeiten besonders streng geprüft. Kein Wunder, wenn man bedenkt, dass gerade sie, die klar emporstrebenden Nadelbäume, die ihre Wipfel kirchturmhoch zum Himmel richten, auf eine flache Verwurzelung vertrauen.

Nur mit feinster Ausgewogenheit zwischen Krone, Stamm und Wurzelwerk kann so ein kühnes Unternehmen Zukunft haben, nur auf diesem Weg konnte sich der Flachwurzler Fichtenbaum in die Reihe der mächtigen Hochwaldbäume eingliedern. Für die Harmonie des Mysteriums Fichte, für Gesundheit und dem rechten Maß der Proportionen, die gemeinsam aus dem winzigen Samenkorn den mächtigen Riesen gedeihen lassen, sorgt niemand geringerer als der gnadenlose Meister Sturm mit seinen Knechten. Sein ewiges Drücken und Ziehen, sein rasendes Biegen und Brechen prüft unfehlbar und überall, ob die Idee des angeflogenen Samenkorns zum Untergrund passt, ob der tonnenschwere Baum auf diesem Grund gedeihen wird.

Bei dieser Art von Prüfung gibt es keinen Schwindel. Fehler gehen im Krachen berstender Stämme unter. Die begleitende Pauke des Donnerschlages kündet von Löchern, die der Geselle Blitz ins Kronendach schlägt, von neuen Lücken, frischem Licht am dunklen Waldboden. Unüberhörbar für all jene Gräser und Kräuter, Schmetterlinge und Käfer, für alle jungen Bäume, die schon so lange auf diesen, ihren Augenblick warten.

Die Auslese der Sturmminuten ist es, der die Fichte ihre Harmonie im klaren Emporstreben verdankt.

Erlebte Sturmminuten im Fichtenwald sind auch für mich unvergesslich mit der edlen Fichte verbunden.

Angst und Entsetzen

An einem der letzten sommerschwülen Herbsttage saß ich neben meinem Forst-Schulkameraden Thomas hoch oben in der Krone einer großen Buche. Er hatte diesen Platz zuvor ausgekundschaftet und von Neugierde und Spannung getrieben, wollten wir, mit alten Ferngläsern ausgerüstet, den Zauber der Dämmerung mitten im Merkensteiner Wald erleben. Unsere Überwindung zur schweißtreibenden Radfahrt hinaus in den Forst und dem anschließenden Fußmarsch wurde belohnt. Die einzige Buche mitten in den umgebenden Fichten hatte mit ihren scheinbar im Überfluss verstreuten Bucheckern sonderbaren Besuch angelockt. Nur mit allergrößter Mühe konnten wir in der Baumkrone das Lachen zurückhalten, als direkt unter uns ein unglaublich hemmungsloses Schmatzen und Rülpsen, Toben und Balgen, Zanken und Streiten begann. Familie Dachs war zum Abendmahl angetreten. Die nudeldicke Alte schlug sich seelenruhig schmatzend ihren Bauch voll, während ihre ungehobelte Bande von Jungdachsen alles, wirklich alles versuchte, was für uns im Forstschulinternat beim Essen strengstens verboten war. Das gefräßige Schauspiel dauerte bis in die Dämmerung hinein und zog uns mit den gierigen, tolpatschigen Einlagen so sehr in seinen Bann, dass es eines gefährlichen Knalles bedurfte, um unsere Aufmerksamkeit in die Wirklichkeit zurückzuholen.

Das war kein fernes, langsam heranrollendes Donnergrollen, denn schon nach kurzen Sekunden leuchtete eine blitzende Feuersäule vom Himmel. Familie Dachs war wie vom Erdboden verschluckt und mit einem Schlag peitschte ein Sturmwind, der wie aus dem dunklen Nichts hereinbrach, die ersten schweren Regentropfen in die Buchenkrone.

»Hier oben hört sich die Gemütlichkeit auf. Schnell zu den Fahrrädern!«

Der finstere Abstieg auf der rutschig nassen Buchenrinde sah plötzlich ganz anders aus, als das trockene Hinaufklettern bei Tageslicht.

Bis wir am Waldboden standen, goss es wie aus Kübeln und die Nacht war so schwarz, dass die eigene Hand vor dem Gesicht kaum zu erkennen war. Gott sei Dank sind wir dennoch heil am festen Boden angelangt. Aber der Sturm trieb mit heulendem Tosen immer neue Böen in den Wald. Der prasselnde Regen war schon durch die Buchenkrone gedrungen und begann uns auch hier zu durchnässen. Da hörten wir, wie der, dem wir uns anvertrauten, der starke Buchenstamm, unter der Wucht der urgewaltig hereinstürzenden Luftmassen zu stöhnen und ächzen begann. Es knarrte und knackste in seinem Inneren, als würden einzelne Sehnen und Fasern zu splittern und zu reißen beginnen.

Wie klein, wie nichtig waren wir da, wie unfähig, unser winziges Schicksal mitten in dieser entfesselten Urgewalt in irgendeiner Weise selbst zu beeinflussen. Das triefend nasse Gewand, die kalten Tropfen, die der Sturm in unsere Gesichter peitschte, verloren mit einem Schlag ihre unangenehme Wirkung.

Kaltes Grauen, die Angst, von einem stürzenden Baum erschlagen zu werden, ließ uns alles andere vergessen. Nur weg von hier. Das Entsetzen trieb uns in den Fichtenwald hinein. Wir rannten und stolperten, hetzten und fielen in die Richtung, in der wir unsere Fahrräder vermuteten.

Da fuhr das Unwetter mit seinem schrecklichsten Geschütz auf. Eine Feuersäule schoss aus dem schwarzen Himmel und zerfetzte mit ohrenbetäubendem Donnerschlag nur eine Baumlänge von uns entfernt eine Fichte. Für einen kurzen Moment war es gleißend hell. Wir sahen mit aufgerissenen Augen fliegende Holzfetzen und ringsherum Kronen und Stämme, die sich dehnten und bogen. Es war ein grausames Schauspiel, ein Kampf am Abgrund, an der Grenze des Berstens und Brechens, den der Sturm vor unseren Augen mit den aufstrebenden Bäumen trieb. Wir erkannten die Sinnlosigkeit unserer Flucht. Zu unsicher war die Orientierung und zu weit weg die Räder, selbst wenn wir dorthin kämen. Was nützen uns Fahrräder auf einer Forststraße mitten in diesem Inferno?

Wie die verwurzelten Fichten ergaben wir uns dem Schicksal und stellten uns zitternd zu einem der größeren Stämme, hörten das schreckliche

Knirschen der Fichtensehnen aus dem Inneren des vom Sturm gebogenen Holzes. Wir rückten Schulter an Schulter, um uns gegenseitig vor den peitschenden Regenböen zu schützen.

Da passierte das Allerschlimmste. Der Blitz schlug genau in unseren Baum ein: Ein mächtiger Feuerball, in der Mitte weiß und an den Rändern gelb, orange und rot, verwandelte die Fichte über uns in unwirkliches Licht. So hell, dass wir die Fetzen des berstenden Stammes, unter dem wir standen, mit den geblendeten Augen gar nicht mehr wahrnehmen konnten.

Gleichzeitig ertönte ein Knall, der wie ein wuchtiger Hammer in meinen Kopf hineinschlug. Später konnten wir uns noch beide erinnern, wie im selben Moment unsere Füße von einer unsichtbaren Kraft vom Waldboden gerissen und unsere Körper zu Boden geschleudert wurden.

Zuerst wusste ich nicht, was geschehen war. Vor den geblendeten Augen war alles schwarz. Ich hatte keine Ahnung, wie lange wir dort gelegen sind. Regentropfen, schwere Wassertropfen am Gesicht waren das erste, was ich wieder wahrnehmen konnte.

Der erste Gedanke: »Tropfen – ich liege im Wald. Ich lebe ja noch!« Langsam spürte ich die nassen Fichtennadeln, auf denen mein Gesicht lag, hörte mein Herz bis zum Hals herauf pochen und freute mich dankbar über jeden Tropfen, der an die Haut klopfte. Ich lebe, aber mein Freund?

»Thomas!«

Meine Ohren waren wie mit einem Wattebausch verstopft. Die Explosion direkt über dem Kopf hatte den Gehörsinn noch nicht freigegeben. Gedämpft konnte ich mich selbst nur wie aus weiter Entfernung hören.

»Thomas«" – keine Antwort.

Schreckliche Stille.

Meine Füße, um Himmels willen, ich kann meine Füße nicht spüren. Langsam bewegte ich eine Hand und griff zu den Füßen. Was für ein Gefühl, die eigenen Füße zu spüren.

»Erwin, liegst du auch?«

Thomas lebte und hatte den Blitzschlag ähnlich wie ich überstanden. Feuer, Licht und schmerzender Lärm, eine Kraft, die ihn zu Boden geschleudert hat. Danach kein Gefühl in den Füßen und keine Ahnung, wie lange wir gelegen waren. Wir standen langsam auf, umarmten uns und beteten.

Am nächsten Tag zog es uns wieder zum Ort des Schreckens. Der Waldboden war übersät mit grünem Fichtenreisig und abgerissenen Zapfen. Einzelne umgestürzte Bäume versperrten den Weg. Alle anderen Fichten, die Übriggebliebenen, richteten ihre Kronen ruhig dem Himmel entgegen. Voll Anmut und Harmonie spiegelten sie an ihrem dunklen Nadelkleid den neuen Sonnenschein wider, als wäre nichts geschehen. Das Unwetter von gestern interessierte sie nicht. Die Stunde der unbarmherzigen Auslese war vergangen, überstanden – für sie zählte nur die Gegenwart. In ruhiger Harmonie strebten sie wieder dem Licht entgegen. Sie sind weder sentimental, noch verträumt und in der Zukunft verloren. Ruhig spiegeln sie zu jeder Sekunde wider, was ihnen Himmel und Erde, Sonne und Wetter gerade in diesem Moment vorgeben.

Bei unserem Blitzbaum angekommen, bot sich uns ein schauderbares Bild zerstörender Urgewalten. Rund um den demolierten Stamm war der grüne Reisigteppich von weiß leuchtenden Holzspänen und fasrigen Fetzen übersät. Die Krone war zerborsten und im Stamm die Spur des Blitzes, eine spiralförmige, gut Handbreit tiefe Furche vom Wipfel bis zur Erde im weißen Holz eingegraben, ausgerissen und weggesprengt.

Nur Schweigen war hier angebracht – ehrfürchtiges Schweigen. Das Lebenslicht der Fichte war ausgeblasen und unseres ist ein zweites Mal angezündet worden.

Haselfichten und Meistergeigen

»Wer das Kostbare in den Bäumen erkennt, dem werden kostbare Menschen geschenkt.«

Das ist eine ewige Quelle von Freude und Kraft, aus der jeder trinken kann, der mit Holz, Wald und Natur gut und ehrlich umgeht. An einem Frühjahrstag im März wurden mir gleich zwei kostbare Menschen geschenkt. Der Himmel zeigte sich von seiner allerbesten Seite. Das Konzert der aus der Winterruhe erwachten Singvögel in der Fichten- und Eichenkrone vor dem offenen Schlafzimmerfenster holte mich aus den Federn.

Ich war schon neugierig, wie das heute gelingen wird. Zwei ungewöhnliche Kunden haben sich angemeldet.

Ein Geigenbauer, der am Telefon ziemlich aus dem Häuschen war, als ich von einer ganz besonderen Haselfichte[*] erzählte, die ich entdeckt hatte und ein Bildhauer, der ein Ungetüm von Baum für eine Kirchenskulptur suchte. Das Schwierige dabei war, dass sich dieses Holz nicht drehen darf und überhaupt ganz ruhig bleiben muss.

Er wollte für seine Kirche ein Boot, eine Art Einbaum schnitzen, das

---

[*] Als Haselfichten werden sehr selten vorkommende Fichten bezeichnet, deren Holzfasern nicht geradlinig, sondern fein gewellt verlaufen. Der genaue Grund für diese Wuchsform ist nicht bekannt. Seit altersher wird solchem Holz eine besondere Tonqualität zugeschrieben.

trotz der Länge von sieben Metern die Form behalten soll und nicht wie eine krumme Banane oder ein verdrehter Strick im Gotteshaus landen darf.

In meinem Sägewerk trafen wir zusammen. Der Geigenbauer Rudi, den ich auf zirka sechzig Jahre schätzte, seine Frau und der Bildhauer mit einem Freund.

Viele meiner Sägerkollegen stellen die Haare auf, wenn da jemand kommt und einen einzigen Stamm sucht. Noch dazu, wenn ganz genau und mit Akribie jeder Buchs und jede Drehung der Faser beanstandet wird. Zu verstehen ist es wohl, dass das kompliziert und teuer ist. Stunden- und tagelang zu suchen, damit endlich einer von tausenden Stämmen erkannt wird oder der ganze Aufwand oftmals ohne Erfolg beendet werden muss.

Dennoch bringe ich es nicht übers Herz, meinen Blick wegzudrehen, wenn ich einen edlen Baum entdecke, der zum Feinsten, zum Schönsten und zur höchsten Verarbeitung geeignet sein könnte. Es ist wohl eine stille Leidenschaft. Ein bisschen könnte es vielleicht mit der Besessenheit verglichen werden, die auch manchen Künstler zur Perfektion bringt, ohne zu fragen, wie viele Tage und Jahre seiner Lebenszeit für ein Meisterwerk vergehen.

In den Monaten des Zugehens auf Bäume, beim Hineinhorchen in ihre Stämme und beim Begreifen ihrer Strukturen versinkt der Alltag und Terminplan in die Bedeutungslosigkeit. Die Gerüche von Harz, Ölen und Säuren in den zahllosen Poren, das vorsichtige Klopfen mit Finger und Axt, das Erlauschen des Klanges, der Antwort aus dem Holz, all das gehört zu den größten Freiheiten, die ich kenne.

Schauen und immer wieder schauen, von ganz nah und aus weiter Ferne, das eröffnet Bilder wie ein Flug über fremde, bisher unbekannte Welten. Beim Betrachten der Jahresringe, dem feinen oder schnellen Wuchs, einem ruhigen Aufbau oder dem Bild von Sturm und Not und Kampf werden Geschichten lebendig vor dem inneren, ungetrübten Auge.

Auf einigen Baumstämmen saß ich, als sie ankamen – der Bildhauer und der Geigenbauer.

Nur einige Griffe zu manchem Stamm am Sägeplatz und einige kurze Bemerkungen genügten, dass ich ahnen konnte, welche Einsichten und Erfahrungen sich unter dem weißen Haar des Geigenbauers angesammelt haben. Es ging mir wirklich gut. Ich fühlte einen Meister, von dem ich nur lernen konnte, der unsere Arbeit verstand und schätzte.

Manchmal genügen einige Gesten, ein Blick in ein Gesicht, das wie ein Bilderbuch des Lebens so vieles offenbart, um ganz rasch Vertrauen und Nähe zu gewinnen. Mit dem Rudi erging es mir genauso. Obwohl er gar nicht viel erzählte, nur spärlich den einen oder anderen Baumstamm kommentierte, mit Erlebtem verglich, horchte Michael, der Bildhauer und ich begeistert zu.

Es war einfach zu spüren, dass sich hinter den knappen Bemerkungen zum Wuchs, dem Jahresringabstand, der Faser und vielen anderen Merkmalen der begutachteten Stämme ein reich gewachsener Erfahrungsschatz verbarg:

»Ja mei«, meinte er, »wo wir schon überall den Bäumen nachgefahren sind.« Seine Frau nickte dazu. »Fast ein halbes Jahrhundert lang verfolge ich jede Spur, die zum vollendeten Stamm führen könnte. In den Dolomiten, am Balkan, im Böhmerwald und in den Alpen sowieso, überall sind wir schon herumgekraxelt. Tagelang habe ich die Finni durch die Wälder gezogen. Und überall wo wir hingekommen sind, habe ich in 'zig Sägewerken tausende Stämme untersucht. Ja, da kommt einem schon was unter, wenn man nichts anderes im Kopf hat,« meinte er und vertiefte sich wieder in die Baumstämme unseres Holzlagers. Nach einer Weile schaute er den Bildhauer an: »Was sagen Sie dazu. Die Fichten hier sind uralt. Schauen Sie, wie eng die Jahresringe selbst an den größten Stämmen liegen.«

Er kümmerte sich nicht mehr um uns und fuhr fort, geschickt auf den Rundholzpoltern herumzuklettern. Mit einer kleinen Axt entfernte er da und dort ein Stück Rinde, klopfte, horchte und schaute.

Der Bildhauer begutachtete gerade mit mir die wenigen Stämme mit über 60 Zentimeter Durchmesser und zehn Meter Länge, als der Rudi mit seiner Frau zurückkam.

»Du hast mir am Telefon nicht zu viel versprochen. Dein Holz hier ist tatsächlich von einer ungewöhnlichen Qualität. Aber weißt du«, sein Gesicht wirkte ein wenig enttäuscht, »perfektes Geigenholz ist etwas anderes als Bauholz. Ich suche nicht umsonst seit über dreißig Jahren nach einem Stamm, den ich noch nicht gefunden habe. Die Reife deiner Bäume hier, die ist einmalig und würde wirklich passen. Für mich kommen aber nur Haselfichten mit einer schön gewellten Faser in Frage. Und obendrein muss dieser Traumstamm noch ganz ruhig gewachsen sein.« Er blickte mir gerade in die Augen und fast andächtig erklärte er: »Makellos muss er sein, einzigartig makellos! Und irgendwo wächst so ein Baum, das kannst du mir glauben!«

Wir schweigen. »Das allerschönste Bauholz ist immer noch kein Geigenholz. Hier ist er nicht, mein Geigenbaum.«

»Du Rudi« entgegnete ich, »der Stamm von dem ich dir berichtet habe, der ist gar nicht da. Die Haselfichte, die mich nicht mehr ausgelassen hat, die liegt noch hoch oben in den Tauern, dort wo sie im Dezember zum richtigen Mond geerntet wurde.«

Rudis Frau atmete tief durch und kaum hatte ich den Satz zu Ende gesprochen, begann er seine Axt und den Rock zusammenzurichten. Diesen Baum musste er sehen. Jetzt! Sonst interessierte ihn nichts mehr.

Unterwegs fragte ich die Finni, ob sie immer dabei sei, wenn ihr Mann zur Holzsuche ausrückt. »Ja, immer«, antwortete sie. Kein Wort mehr und keines weniger.

Die Fahrt ging hoch in den Bergwald hinauf. Der warme Föhn der letzten Tage hatte den Schnee weggeschmolzen und auf der Forststraße einen spiegelglatten Eisbelag hinterlassen. Trotz der Schneeketten und dem langsamen Tempo verstummten die Gespräche im Wagen, den ich über das blanke Eis auf der schmalen Straße an dem steil abfallenden Hang und den Schluchten entlang lenkte.

Auf zirka 1800 Meter Seehöhe angekommen, empfing uns ein wild zerklüftetes, bis über 3000 Meter aufsteigendes Tauernpanorama – und einige Bäume, die es wahrlich in sich hatten.

Sie waren schon zum weiteren Transport an die Forststraße gerückt worden und der Rudi konnte die langen Stämme von allen Seiten begutachten. Eine, zwei, vier, fünf Haselfichten waren dabei. Er wurde ganz still und war doch von einer seltsamen Unruhe erfasst. Seine Frau folgte ihm nach vor und zurück. Mit einer Geste unverrückbarer Entscheidung wiederholte er es mehrmals: »Nichts – nichts! Dieser Baum zeigt nicht einmal den allergeringsten Tadel!«

Wir haben geklopft, gelauscht, geschaut, getastet und gemessen. Er war jetzt felsenfest überzeugt. »Das ist der Stamm, den ich seit über dreißig Jahren suche!« Und zu seiner Frau Finni: »Kannst du das verstehen, warum ich den gerade jetzt finde?« Ich schaute sie fragend an. Sie drückte die Augen zu und gab ein kleines Geheimnis preis. »Er hat seinen 70. Geburtstag.«

Der Geigenbauer war siebzig und die Fichte vor uns, die er seit dreißig Jahren gesucht hat, an die 500 Jahre alt!

Der Bildhauer ist erst einige Tage später auf seine Rechnung gekommen. Sein Traum von einem kernfreien Einbaum aus einem Stück Holz gearbeitet, erfüllte sich erst bei den mächtigsten Nadelbaumgestalten der Alpen – im Tannenwald. Ein wahrer Koloss von Baumstamm, ein zehn Meter langer Tannenstamm mit schnurgerader Faser und über 60 Zentimeter Durchmesser am schwachen Ende konnte den Weg in die Kirche von Waldram bei Wolfratshausen antreten.

DIE FICHTE GESPANNT ZWISCHEN HIMMEL UND ERDE

Der 7 Meter lange Einbaum wurde aus einem wahren Koloss von Fichte herausgearbeitet

Monate später folgten meine Frau und ich der Einladung und besuchten den Geigenbauer Rudi in seiner Werkstatt. Werkstatt, das wird diesem Ort seines Schaffens nicht gerecht. Ein Blockhaus aus Fichtenstämmen ohne Metall, von ihm selbst gezimmert, beherbergte allergrößte Schätze. Wie bei einem Alchimisten reihten sich Gläser und Dosen auf Holzregalen aneinander. Handgeschriebene, zum Teil verblichene Etiketten verrieten etwas von selbsterforschten und gemixten Destillaten aus natürlichen Harzen und Ölen. Die Oberflächenbehandlung der Geigen ist ähnlich der Suche nach dem ganz besonderen Holz ein weiteres Geheimnis der großen Meister dieses Faches. Klingenscharfes Handwerkzeug und herrliche, zum Teil halbfertige Geigen hingen in handgeschnitzten Halterungen an der Wand. Eine Kiste voller scheinbar makelloser Geigendeckel zog er unter einer Hobelbank heraus.

»Um Himmels Willen, warum liegen diese Kostbarkeiten achtlos in einer Kiste?« »Das war alles Forschung«, meinte er, »ein Kunstwerk verdient diesen Namen nur dann, wenn jeder Millimeter für sich ein Kunstwerk ist! Wenn an einem Stück der geringste Mangel oder eine Unsicherheit auftaucht, dann landet es in dieser Kiste.«

Unsere Haselfichte aus den Hohen Tauern war auch anwesend. Ein hoher Stapel von konischen Rohlingen, die gerade fertig aus dem runden Stamm gespalten waren, war für die jahrzehntelange Lagerung hergerichtet. Er nahm eines von den Holzstücken, hielt es mit der linken und klopfte mit der rechten Hand kurz an. Ein heller, klarer, lang schwingender Ton erfüllte die Werkstatt. Er verglich den Ton noch mit anderen Hölzern, von denen er schon erzählt hatte. Der Böhmerwald, die Dolomiten, die Bayrischen Alpen und die Hohen Tauern wurden angeklopft und verglichen. »Ein Rätsel gibt es noch für mich«, meinte er, »du hast den Baum im Dezember zur richtigen Mondphase geerntet. Greif dein Holz doch an. Normal gibt es das gar nicht, dass es jetzt schon so trocken und leicht ist. Das kann nur mit deinem Tag der Schlägerung zusammenhängen.« Er klopfte das Holzstück noch einmal an, schmunzelte und sprach: »Es ist vollkommen. Ich habe mich nicht geirrt!«

Er nahm eine der Geigen aus der Halterung, griff zum Bogen und spielte. Nein, er spielte nicht, er versank in der Musik seiner Geige. Das Gesicht mit dem weißen Bart spiegelte nichts anderes wider, als die Töne des wunderbaren Instrumentes. Eine Hingabe, die alles an ihm ergriff, ließ ihn und seine Geige mit der Musik verschmelzen. Nichts in der kleinen Werkstatt erinnerte in diesem Moment an draußen, an gestern oder an morgen. Der Augenblick war vollkommen von der Musik bestimmt, von ihr durchdrungen und erfüllt. Jede Bewegung des alten Meisters war durch die einzigartige, liebevolle Hingabe vollkommen und einzigartig.

Wie von einer Windbö, die das fallende Blatt mit sich trägt, so wurden wir von dem unerwarteten Konzert in der hölzernen Geigenwerkstatt mitgenommen. Es war, wie wenn die Geigen an der Wand und sogar die sorgfältig gestapelten Rohlinge unserer Haselfichte mitgeschwungen hätten. Die Muse selbst wird uns da wohl geküsst haben, zwischen dem Holz aus den Hohen Tauern, den Dolomiten und dem Böhmerwald.

Mehr als Baum und Holz

Die Fichte ist Baum, Holz und gerade in Europa und Nordasien darüberhinaus noch viel mehr. Als wahrer Kulturträger wurde sie zum Spiegelbild der Geisteshaltung vieler Epochen. Von der steinzeitlichen Hütte bis zur Stradivarigeige und vom ewigen, alpinen Bauernhaus bis zum kühnen, vielgeschoßigen russischen Sakralbau, überall haben Künstler und Meister ihre Spuren im Fichtenholz hinterlassen. Bei soviel Interesse der Menschen ist es nur zu verständlich, dass sich auch Unverstand und Fehlentwicklungen einstellen.

Kein anderer Baum bringt soviel Profit wie die Fichte. Mit dieser Einstellung wurden, außerhalb der kühlen, natürlichen Fichtenwaldgebiete, jahrzehntelang riesige Monokulturen im Alpenvorland und warmen Tieflagen angepflanzt. Die Natur hat geantwortet. Außerhalb von ihrem optimalen Klima wurde die Fichte krank und schwach. Diese Wälder sind biologisch anfällig und werden von Stürmen und vom Borkenkäfer weggerafft. Doch Europas Förster haben dazugelernt und bemühen sich heute, solche Flächen wieder mit Mischwald zu bepflanzen.

Eine zweite Fehlentwicklung ist wohl die jährliche Verleimung von Millionen Kubikmetern Fichtenholz mit giftigen Kunstharzleimen zu Platten und mit Kunstharzleim in Schichten verleimten Holzträgern. Wir wissen ja, dass all diese Aufgaben auch mit unverleimtem Massivholz zu lösen wären.

Die Natur wird uns den Weg wohl noch weisen. Zu Beginn unserer Naturholzverarbeitung im heimischen Betrieb wurde unsere Arbeit manchmal von Menschen kritisiert, die nur glauben, was von der Wissenschaft besiegelt ist. Herz und Gefühl sind in ihren Augen keine relevanten Maßstäbe. Ihrer Meinung nach gibt es keinen Einfluss des Mondes auf die Bäume. Der Einfluss der natürlichen Umgebung, von Jahreszeiten und Mondphasen auf das Holz wird negiert. Offensichtlich gehen da wirtschaftliche Interessen so weit, dass eine offene, unbefangene Auseinandersetzung mit der Natur nicht mehr möglich ist. Ist es ein Zufall, dass Schweizer Wissenschafter gerade von der Fichte eine exakt wissenschaftliche Antwort zu genau diesem Thema gefunden haben? Der Einfluss des Mondes auf untersuchte Fichten (und vermutlich auf alle Bäume) ist so stark, dass diese sogar im Rhythmus des Mondwechsels pulsieren, 14-tägig an- und abschwellen:

Die Fichte als Objekt der Wissenschaft

Noch viel konkretere Rückschlüsse auf den Einfluss des Holzerntezeitpunktes auf die Holzqualität lässt eine Studie vom Freiburger Institut für Forstbenutzung und forstliche Arbeitswissenschaft zu. Im Laufe einer dreimonatigen Probenahme von November bis Jänner wurden an sechs Fällterminen jeweils zehn Fichten drei Tage vor Vollmond und je zehn Fichten drei Tage vor Neumond geerntet. Neben verschiedenen Messungen an den Proben, die die Holzfeuchte, das Trocknungsverhalten und das Verhältnis zwischen radialem und tangentialem Schwundmaß betrafen, und deren Werte eher auf einen hohen Einfluss der individuellen Wuchsstruktur des Einzelbaumes hinweisen (siehe dazu auch Einfluss des Wuchsortes, in »... dich sah ich wachsen« von Erwin Thoma, 1996), ergab die Untersuchung der Holzdichte ein nahezu sensationelles Ergebnis:

Die vor Neumond geernteten Bäume wiesen gegenüber den »Vollmondbäumen« eine im Mittel um 6,2 Prozent höhere Holzdichte auf!

Aus dieser Studie ergibt sich die wissenschaftliche Bestätigung für alle Geheimnisse, die unsere Vorfahren generationenlang als Tradition erhielten, über das Gefühl in das Handwerk einfließen ließen und damit Kulturschätze und höchste Holzbaukunst schaffen konnte.

Schlussfolgerung:

Holz vom richtigen Zeitpunkt weist eine höhere Dichte auf. Dichteres Holz ist »statisch besser« und widerstandsfähiger.

Diese Schlussfolgerung habe ich 1999 in mein Buch »... und du begleitest mich« geschrieben. 2003 erfolgte die exakte wissenschaftliche Bestätigung meiner Schlussfolgerung. Lesen Sie dazu den Bericht, der in der dritten Auflage dieses Buches ergänzend im Kapitel Birnbaum unter »Mondholz« eingefügt wurde.

Hier lesen Sie weiter den Originaltext der Erstauflage:

Diese Untersuchungen sind sicher erst ein kleiner Beginn, das Gespräch rund um Mondholz und Naturholzverarbeitung auf eine sachlich nüchterne Basis zu stellen. Für eine objektive Beurteilung fehlen noch viele Parameter, die gänzlich unerforscht sind. Gesichert ist in jedem Fall die Tatsache, dass die Holzernte »vom richtigen Zeitpunkt« zwar ein wichtiger Qualitätsfaktor ist, für sich allein jedoch nicht ausreicht. Erst wenn die Auswahl des gut gewachsenen Baumes, die richtige Trocknung und die fachmännische Verarbeitung hinzukommt, wird das Ergebnis meisterhaft.

Darrdichten des »Mondholzes« von Fichte 3 Tage vor Voll- bzw. Neumond geerntet:

Mondphase	Parameter	Darrdichte (g/cm^3)	Änderungen in %
Vollmond	Minimum Mittelwert Maximum	0,328 0,468 0,613	**0,0**
Neumond	Minimum Mittelwert Maximum	0,363 0,497 0,666	**+ 6,20**

Nach Ute Seeling-Freiburg

DIE FICHTE GESPANNT ZWISCHEN HIMMEL UND ERDE

Ebbe und Flut auch in Bäumen

Wie in den Weltmeeren gebe es auch in Bäumen Ebbe und Flut. In strenger Abhängigkeit vom Mond würden die Baumstämme minimal an- und wieder abschwellen, erklären Ernst Zürcher und Mitarbeiter vom Schweizer Institut für Technologie (Zürich) in der jüngsten Ausgabe des britischen Fachmagazins »Nature« (Bd. 392, Nr. 6677, S. 665). Die Veränderungen seien aber so gering, dass sie mit bloßem Auge nicht auszumachen, aber messbar seien. Sogar isolierte Baumstämme ohne Wurzel und Krone würden dieses Phänomen zeigen, solange Zellen in ihnen am Leben sind, stellten die Forscher fest.

Für ihre Untersuchungen vermaßen die Wissenschafter mehrere Tage lang Fichten und bemerkten dabei, dass die Stämme regelmäßig auf- und abschwellen, genau im Rhythmus des Mondes. In derselben Weise, wie der Mond durch seine Anziehungskraft Flutberge und Ebbetäler auf den Meeren verursache, halte er Wasser in den lebenden Zellen der Baumstämme fest oder lasse es wieder abfließen.   *Bild: SN/APA/Harald Schneider*

Während ich diese Zeilen schrieb, arbeitete unser 93-jähriger Opa im Garten mit der Axt gerade einen Stapel Brennholz auf. Für den alten Zimmermann war diese Sensation aus der Wissenschaft gar nicht so neu. Manchmal hatte ich das Gefühl, dass er ein bisschen Mitleid hatte mit den Jungen, die die einfachsten Dinge erst dann begreifen, wenn sie von einem wissenschaftlichen Institut verkündet worden sind ...

Wer mit Fichtenholz baut, kann vom traditionellen Blockhaus bis zum modernen Niedrigenergiehaus aus einer Vielfalt von Gestaltungsmöglichkeiten wählen

DIE FICHTE IN DER BAUMFAMILIE

Die Fichte ist ein Baum des kühleren Klimabereiches. In günstigen Lagen werden Riesen bis zu fünfzig Meter hoch. Im Hochgebirge kämpft sie sich bis in die oberste Lärchen- und Zirbenregion hinauf und bekommt dort das zerzauste Gesicht der Bergwelt.

Trotzdem ist sie kein ausgesprochener Pionierbaum. Gut durchlüftete und nährstoffreiche Böden, die von anderen Vorreitern vorbereitet wurden, sind ihr am liebsten. Die Fichte gehört zu denjenigen, die im kühleren Klimabereich ausgeglichene Böden bewahren. Als Flachwurzler ist sie auf den meisten Böden über die stützende und bereichernde Begleitung tiefwurzelnder Mischbaumarten dankbar.

Fichtenholz

Fichtenholz ist leicht, relativ weich und unglaublich zäh. Kein anderer Baustoff kann auch nur eine annähernd ideale Mischung aus Leichtigkeit, Zerreißfestigkeit, Wärmedämmfähigkeit, statischen Werten, Säure- und Wetterbeständigkeit und vielem mehr, aufweisen. Fichtenholz ist das ideale Bauholz, ein Geschenk der Schöpfung.

Innerhalb der selben Baumart gibt es beachtliche Qualitätsunterschiede, die den Reiz und die Herausforderung für jeden ausmachen, der mit dem natürlichen Material arbeitet.

Überrascht haben wir festgestellt, dass gerade Fichten aus den unnatürlichen Monokulturen Holz mit einer spröderen, weniger guten Faser enthalten wie Bäume im optimalen Wuchsbereich. Als Faustregel kann man sich merken. Je höher am Berg, desto feiner die Faser der Fichte.

Sonderformen, wie die von den Geigenbauern begehrte Haselfichte, sind an der Struktur unter der Rinde zu erkennen und erweitern das ohnedies breite Anwendungsgebiet der Fichte noch einmal.

Wer Fichtenholz in sein Leben einbringen möchte, braucht nicht lange suchen. Die Verwendungsmöglichkeiten sind vielfältigst. Einzig bei sehr strapazierten Flächen wie Fußböden im stark beanspruchten Bereich, Arbeitsplatten und Ähnlichem würde ich wegen der fehlenden Härte von der Fichte abraten.

DIE BEDEUTUNG FÜR DIE SEELE UND GESUNDHEIT

Die Fichte ist kein Baum besonderer Extreme. Ruhig versteht sie es, den Ausgleich zu finden. Zu jeder Minute strebt sie dem Licht entgegen. Sie kennt ihr Ziel und mit ihrer emporstrebenden Gestalt versinnbildlicht sie das Leben, das erst durch die Verbindung zweier Pole möglich wird, – Fichtenkronen scheinen dafür geschaffen zu sein: Geradlinig, immer höher, tiefer in den Himmel einzutauchen, sich von Licht und Wind durchfluten zu lassen.
Alle Kräfte der Erde, alle Botschaften und Energien des dunklen Humus unter unseren Füßen, die von den Wurzeln aufgesaugt werden, strömen im geraden Stamm der Fichten dem Himmel entgegen, werden dort oben zur Krone geformt. Zurück zur Erde fließen dann Licht und Luft. Die Sonne selbst strömt in den Humus. Dort bereitet sie wieder neues Leben, den ewigen Kreislauf vor.
Das alles geschieht niemals laut und schreiend. Kurze Urgewalt zieht vorüber. Die größten Kräfte jedoch wirken immer ruhig, harmonisch und beständig. Denken Sie an das Bild der Fichtenstämme, die ewig im Wechsel des Mondes an- und abschwellen. Welch Gleichklang und welche Harmonie zu den Gestirnen spielt sich da vor unseren Augen ab.

Im Haus aus Fichtenholz können Sie diese Kräfte und Rhythmen der Natur aufnehmen, selbst mitschwingen. Die Fichte ist für die Menschen ein Baum der Harmonie. Ausgeglichen spiegelt sie zu jeder Zeit ihre Umgebung wider. Sie zeigt uns, dass klare Geistesgegenwärtigkeit viel mehr bewegt als kurze Akte der Kraft. Die Geborgenheit zwischen ihren Stämmen hebt Zwänge von außen auf. Auf und mit der Fichte bauen heißt ersehnte Geborgenheit, Ausgeglichenheit und klare Geistesgegenwart ernten.
Selbst Häuser, die zur Gänze aus Fichten errichtet werden, wirken niemals aufdringlich oder erdrückend. Gleich ihrer schmalen Krone mit den feinen Nadeln wirkt die Fichte fein und angenehm zurückhaltend.

Der Kirschbaum

UNVERSTELLTE SINNESLUST

Thoma-Vollholzboden in Kirsche

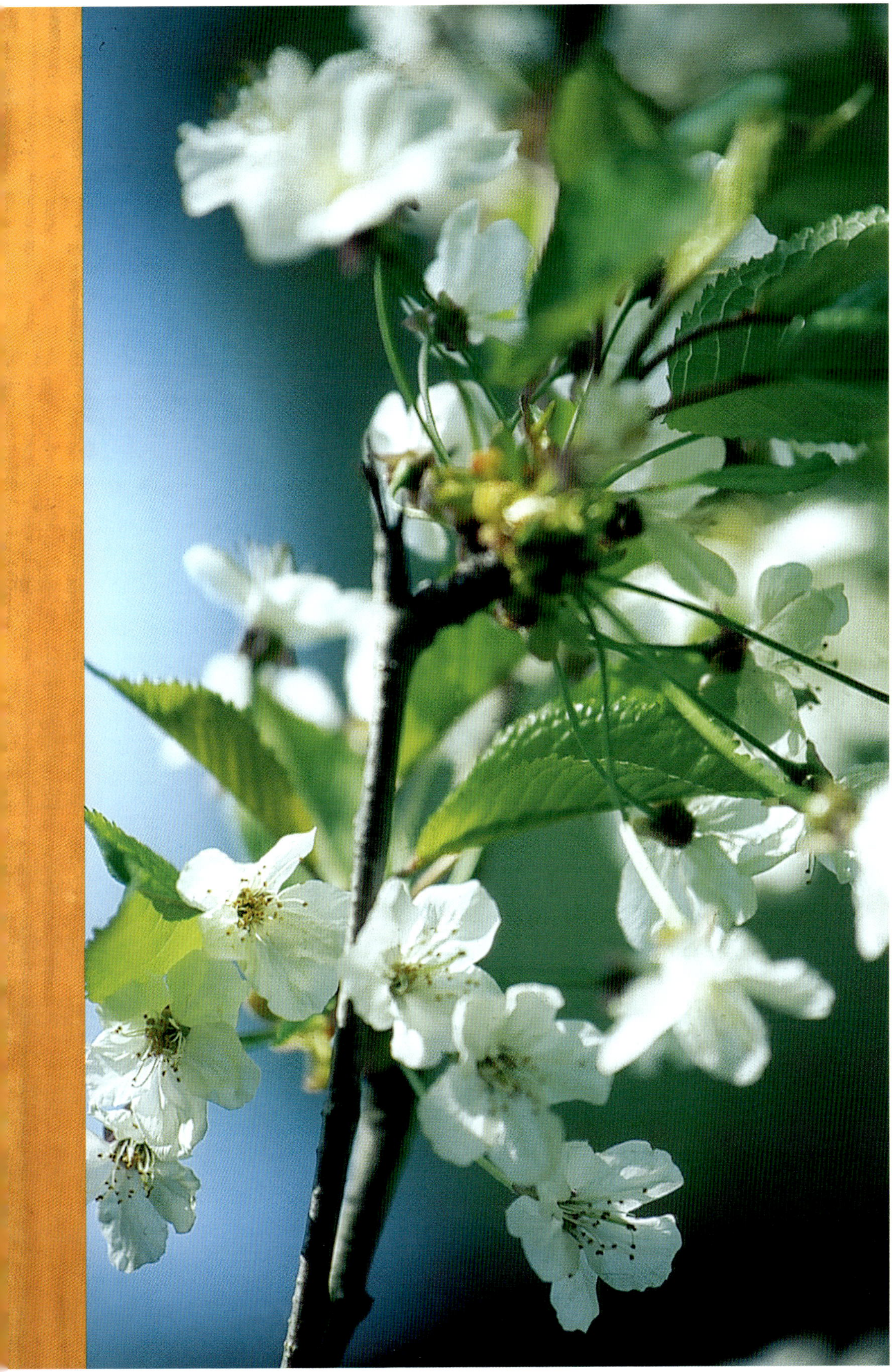

DER KIRSCHBAUM

Unverstellte Sinneslust

Nach den Försterjahren in den Tiroler Bergen zog es uns in die Salzburger Heimat zurück. Dort gedieh oberhalb des Salzachtales dicht an unserer Hauswand ein großer Kirschbaum, der über das Dach hinausreichte und »sein« Eck des Hauses längst mit der Baumkrone umwallt hatte. »Das geht doch nicht«, wurden wir von vielen auf Erfahrung pochenden Besuchern gewarnt. Das Dach würde Schaden nehmen und die Regenabläufe würden verstopft.

Darüber waren wir schon verunsichert, aber der Familienrat hielt einstimmig zum Kirschenbaum. Unsere Kinder waren empört, dass überhaupt jemand auf die Idee kommen konnte, ihren wunderbaren Kletterbaum, Obst- und Spuckkernlieferanten umzuschneiden. Er soll bleiben, selbst wenn es ihm gelänge, das ganze Haus zu überwachsen. Mit Gitter in den Dachrinnen und einer alljährlichen Kehraktion konnten wir das Laub gut in den Griff bekommen und unser Kirschbaum ist zu einem wahrhaft lieben und lustigen Begleiter durch alle Jahreszeiten geworden.

Im Frühjahr ist er an seinem warmen Platz am Haus der Erste, der voller Unschuld und Übermut im überschwänglichen Blütenkleid die Botschaft von Freude und Verführung, von junger Erneuerung hinausruft. In unserem Garten am Berghang ist er es, der die orgiastische Zeit einleitet, in der die kleinsten Singvögel ganz groß und innig um ihre Bräute werben. Der vor kurzem noch winterstarre Frosch im kleinen Teich wird zum vergnügten Konzertmeister. Unser Kater Mutz verlässt die warme Ofenbank und so manche laue Nacht wird von seinem eigenwillig interpretierten Hohelied der Liebe zur gar nicht ruhigen Zeit. Reife Knospen brechen auf und ruhiges Blut beginnt zu wallen »wenn der Kirschbaum blüht.« Er ist dann auch der Erste, der noch vor seinen Freunden Birne und Apfel das weiße Prachtkleid achtlos in den Garten wirft. Für einige Tage wird das Wasser am Ententeich weiß. Grünes Gras ist zart beschneit von Kirschblütenblättern, die emsige Bienen bereits gelockt haben, ehe sie rasch zur Mutter Erde zurückkehren.

Den munteren Kirschbaum kümmert das wenig. Ende Juni ist er schon wieder der Erste, der mit seiner ungestümen Zahl von fruchtigroten, süßen Verführungen am feinen Stingel die Welt nahezu verrückt macht. Vielfaches Leben am und im Baum findet sich ein und nicht nur das Summen der Insekten ist aus der Krone zu hören. Jedes Jahr auf's Neue lacht und kichert es jetzt aus der Krone, wenn ich unerwartet von ausgespuckten Kernen ins Visier genommen werde. Die Kinderschar aus der ganzen Umgebung belagert die höchsten Äste und teilt den gedeckten Tisch mit Amseln und Staren. Am Abend gibt es dann einen Grund mehr, wie das Zubettgehen hinausgeschoben wird. »Ich muss noch einmal auf's Klo gehen.

Verschwenderische Pracht

Im Herbst, der ruhigen, reifen Erntezeit hat der sorglose Baum seine Kirschen schon längst verschenkt. Während all die anderen Obstbäume mit gebogenen Ästen schwanger an ihrer vollendeten Frucht tragen, greift er schon lange von irdischer Frucht und Fortpflanzung befreit, voller Muße zu den Farbtöpfen und malt mit hellem Gelb und sattem Rot und Braun das Bild seiner zweiten Blüte abgeklärter und weniger verschwenderisch, aber immer noch voll Lebensfreude und Zuversicht. Er wäre nicht der Kirschbaum, würde er seine Blätter nicht bunt und kunstvoll zeichnen – bevor sie abfallen und still zur Erde gehen – um Humus zu werden.

Sogar im Winter, der Zeit der Weisheit, in der Saft und Kraft, Tollheit und Leben der Bäume tief in die Wurzeln zurückkehren, sogar zu dieser Zeit ist unser Kirschbaum lachend gegenwärtig. Nach altem Brauch schneiden wir am 4. Dezember, dem Barbaratag, einige Zweige ab. Selbstverständlich sind dort von dem lustigen Gesellen trotz aller winterlicher Einkehr schon zarte Knospen für den nächsten Frühjahrsreigen angesetzt. Die Zweige kommen in die Vase. Das Wasser soll nicht gewechselt, sondern nur mehr nachgefüllt werden. Zu Weihnachten verkündet der Kirschbaum dann seine frohe, verheißungsvolle Botschaft. Die Barbarazweige leuchten, trotz Schnee und Eis am großen Baum im Freien, in voller Blütenpracht in der warmen Stube neben dem Christbaum.

DER KIRSCHBAUM IN DER BAUMFAMILIE

Mehr als seine beiden anderen Freunde der Muße, Apfel und Birne, mischt sich der Kirschbaum in die Bildung der Wälder ein. Sorglos und wie wenn er ein heiteres Liedchen dabei pfeifen würde, gedeiht er zwischen den großen und mächtigen Bäumen der Laubmischwälder in wärmeren Lagen. Die vorauseilende Arbeit der Pioniere kümmert ihn genauso wenig wie der kühne, mächtige Kampf gegen Naturgewalten. Für den vergänglichen Genuss der schönsten Bilder und dem feinsten Nachtisch am Speisezettel des Waldes ist er zuständig. Der Kirschbaum bereichert die Lebensgemeinschaft, erweitert sie und erfreut unbeschwert jedes Herz.

Ganz besonders erfreulich ist es, dass immer mehr Waldbauern und Forstämter auf die gute Verwertbarkeit des edlen Kirschenholzes aufmerksam werden und bei ihren Anpflanzungen den Kirschbaum immer häufiger als Baum mit Zukunft berücksichtigen. Er wird es uns danken, wenn wir unsere Herzen erobern lassen – von diesem lustigen, unbekümmerten Gesellen.

Kirschholz

Apfel, Birne und Kirsche, drei Bäume, die sich scheinbar gar nicht so ernst um die Bildung großer Wälder kümmern, die jeder auf seine Weise Schönheit und Lust in die Landschaft bringen, bergen edelste und kostbarste Hölzer in ihren Stämmen.

Kirschholz ist sehr hart, dauerhaft, unverwüstlich, gelb-rötlich und durch die Jahresringe deutlicher gemasert als die samtige Birne.

Möbel und Fußböden, Unikate und Kostbarkeiten, die von einer Menschengeneration an die nächste weitergegeben werden können, entstehen aus Kirschholz. Kirschholz in der Wohnung ist wie der »Tupfer am i.« Was wäre denn der prächtigste Bau ohne einen Ort der Lust und Freude?

DIE BEDEUTUNG FÜR DIE SEELE UND GESUNDHEIT

Wer sich nicht sorgt, lebt viel leichter. Dieser Wahlspruch könnte vom Kirschbaum kommen. Unbekümmert spielt er mit Unschuld und Fruchtbarkeit, mit Freude und Verführung. Für Schönheit und Kunst, Versuchung und Genuss ist er jederzeit bereit, alte Kleider abzuschütteln und kostbare Früchte zu verschenken.

Verbitterung und Sorgen mag der lustige Geselle gar nicht. Menschen, die diese Dinge loswerden wollen, sind beim Kirschbaum und seinem Holz bestens aufgehoben. In jeder seiner vielfältigen Erscheinungsformen schwingt Freude, Spaß und Herzlichkeit mit.

Er ist der genussvollste und betörendste Vertreter der Bäume der Muße. Wenn Sie bisher zu viel gearbeitet haben und sich mehr Zeit für Ihre Lieben und sich selbst nehmen möchten, dann lassen Sie sich von ihm beschwingt begleiten. Er führt Sie zu neuem Lebensgefühl, hilft Ihnen, eigene Schranken sorgenlos zu überschreiten.

Der Apfelbaum

KERNGESUND DAS LEBEN SCHMECKEN

Thoma-Vollholzboden in Apfel

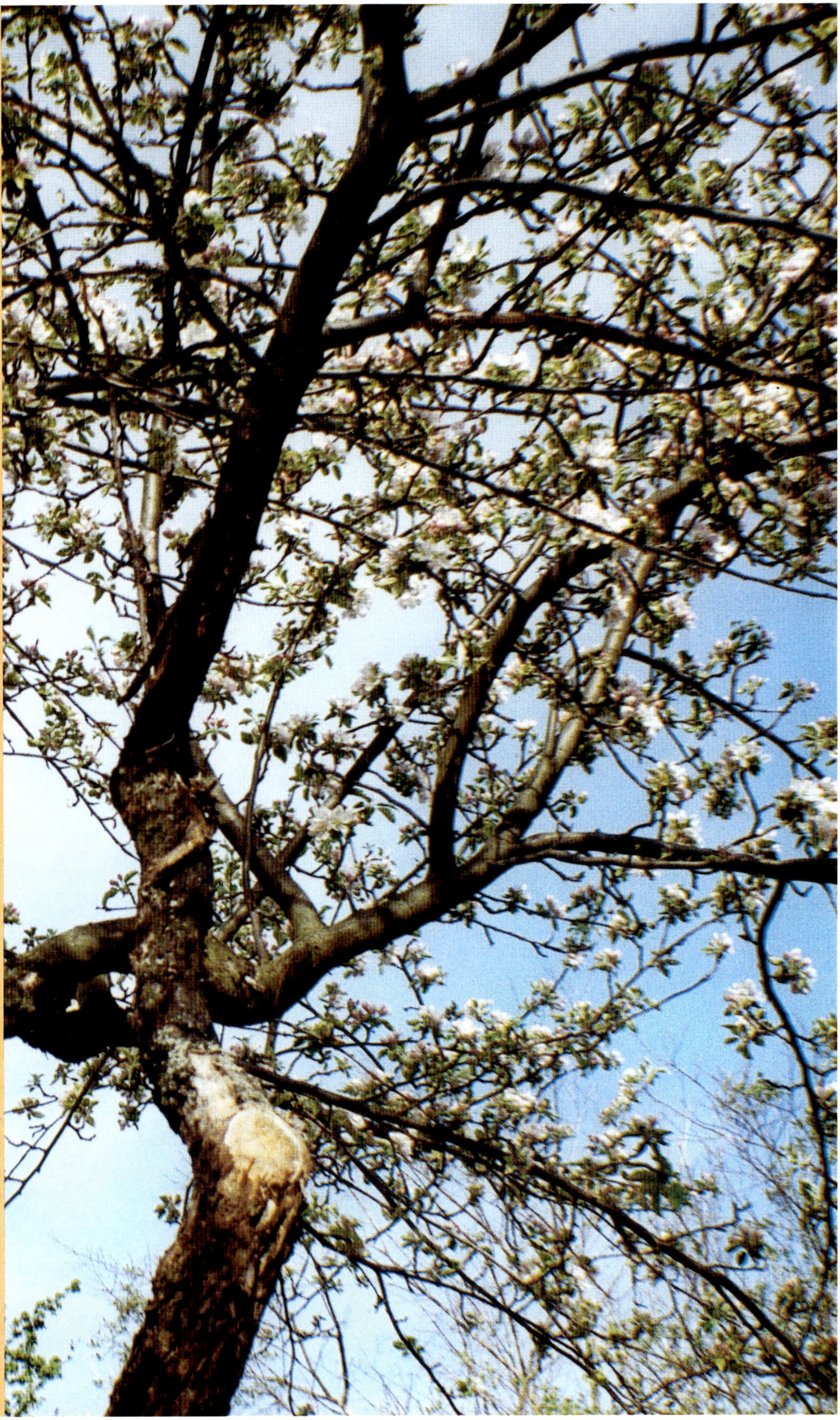

DER APFELBAUM

Kerngesund das Leben schmecken

Manchmal hat es den Anschein, dass nur diejenigen die Tüchtigsten sind, die am schnellsten durch ihr Leben rasen. Die Anforderungen und Lebensbedingungen unserer Zeit verleiten uns immer öfter dazu, die Muße mit den Füßen zu treten, sie zu vergessen.

Wenn wir aufhören, Gesang und Musik zu pflegen, wenn immer seltener mit Ruhe, Genuss und in Gemeinschaft gut gegessen wird, unverfälschte Nahrung, die dieses Wort verdient, wenn immer seltener Zeit zum Feiern bleibt, zum Lachen und Blödeln, zum Spielen mit Eltern, Großeltern und Kindern, wenn wir den Zauber des Augenblicks, die Schönheit eines Bildes oder der Natur vor unseren Augen gar nicht mehr erfassen und erlauschen wollen, dann hat das bedenkliche Folgen.

Wer die Muße ganz vergisst, der erhält eine einfache Antwort. Körper, Geist und Seele treiben auseinander. Arme Seele, die voller Sehnsucht nach Vollendung, zum Glück, zur großen Geborgenheit der Vollkommenheit streben will und plötzlich keine Behausung, keine Begleitung, keinen Körper mehr hat, der sie dorthin tragen kann, sich dorthin entwickeln kann. Armer Körper, der mit der Peitsche des starken Geistes dazu verurteilt wird, in ständiger Rastlosigkeit und Gier nur einem nachzujagen, dem Mammon, zu hetzen, um dabei immer leerer, saft- und kraftloser zu werden.

Wer die Muße vergisst wird krank

Wer einen Apfel isst, der schaut ihn zuerst an. Die reife Farbe lacht uns bis ins Herz hinein. Er greift ihn an und fühlt die runde Form. Sie ist nach allen Seiten rund und ausgewogen. Der Geruch ist niemals gleich. Auch vom selben Baum riecht und schmeckt jeder Apfel auf seine eigene, einzigartige Weise. Je öfter wir in die Genusswelt des Apfels mit Muße eintauchen, desto feiner erkennen wir die Unterschiede, Abstufungen und Färbungen im Geruch und Geschmack. Der erste Bissen offenbart es, der erste Bissen, der auch noch unsere Ohren an dem Festmahl teilhaben lässt.

Wer einen Apfel isst, benutzt alle fünf Sinne. Sehen, fühlen, riechen, schmecken und hören. Nicht umsonst ist der Apfel Symbol für die Muße,

Lebenskraft und Sinnlichkeit. Vollendung, die unendliche Kraft der Liebe und daneben der süße Duft der Vergänglichkeit und Verwandlung strömen aus der Frucht dieses liebevollen Baumes.

Versäumen Sie keine Möglichkeit. Pflanzen Sie, wann immer es geht, einen Apfelbaum. Es ist eine der schönsten Gelegenheiten in dieser Welt, in unserer Zeit, Muße und Lebensfreude auszusäen. Für unsere Kinder und für uns selbst.

Apfelholz

Apfelholz ist genauso bunt und erfrischend wie die Frucht. Wegen der geringen Verfügbarkeit spielt es aber in der Holzverarbeitung nur eine untergeordnete Rolle. Wohl aber in der Einzelmöbelfertigung und im Kunsthandwerk.

Wie der Baum in der Landschaft, so besticht das Holz vor allem durch den herrlichen Kontrast und die Kombination zu anderen Hölzern. Der Fantasie sind hier keine Grenzen gesetzt, denn Apfelholz lässt sich gut verarbeiten. Ein kleines Beispiel möge die abgebildete Haustür sein, die mit der Kombination aus weltoffener Lärche und dem harmonischen, lebensfrohen Apfelbaum die Besucher des Hauses empfängt.

DER APFELBAUM DIE BEDEUTUNG FÜR DIE SEELE UND GESUNDHEIT

DIE BEDEUTUNG FÜR DIE SEELE UND GESUNDHEIT

Der Apfelbaum hat zwei starke Botschaften, die auf uns Menschen wirken.
Mit seinen Früchten ist er der Baum der sinnlichen Lebenskraft und Lebensfreude. Ein Baum der Muße, der alle Sinne gleichermaßen anspricht. Der Apfel ist das Bildnis vom ausgewogenen Geben und Nehmen in der Liebe, die die reife, vollendete Frucht hervorbringt.

Die reine, vollkommene Harmonie des Apfels hilft allen Menschen, deren Körper, Geist und Seele auseinander gedriftet sind, die innere Harmonie zurückzugewinnen. Menschen, die als Kind zu wenig Liebe bekommen haben und Menschen mit Beziehungsproblemen finden im Apfelbaum einen tatkräftigen Helfer, um die Kraft zu gewinnen, die die Dinge wieder ins Lot bringt.

Für lustvolle, lebensbejahende Menschen ist der Apfelbaum ein guter Freund, eine kostbare Quelle der Lebensfreude, aus der immer mit neuem Genuss getrunken werden kann.

DER APFELBAUM DIE BEDEUTUNG FÜR DIE SEELE UND GESUNDHEIT

Die zweite Botschaft des Apfels hängt ebenso mit seiner Ausgeglichenheit und reinen Harmonie zusammen. Der Apfelbaum ist der Baum der Reinigung. Allen Jenen, die unter einem Laster leiden, von dem sie das Gefühl haben, sich aus eigener Kraft nicht mehr lösen zu können, wird vom Apfel tatkräftig geholfen.

Wer sich das Rauchen abgewöhnen möchte, sollte sich dem Apfelbaum zuwenden und gerade in der Zeit der Entwöhnung alle Bilder und Früchte des Baumes genießen. Diese Apfelhilfe hat einen handfesten Hintergrund: Nikotin und Apfelsäure vertragen sich nicht. Ist ihnen auch schon aufgefallen, dass Raucher wenig Äpfel essen? Warum also nicht Zigaretten durch Äpfel ersetzen.
Apfelessen hat aber nicht nur im Zusammenhang mit dem Rauchen seit alters her in der Volksmedizin bekannte, segnende Wirkungen. Geraspelte Äpfel, die durch Sauerstoffeinwirkung braun werden und dabei den Wirkstoff Pectin bilden, werden bei Magen und Darmentzündungen angewandt.

Äußerliche Umschläge mit gequetschten Äpfeln finden eine vielfältige Anwendung, von der Hautpflege über die Abheilung alter Wunden bis zur Reinigung von Furunkeln und zur Durchblutungsförderung.
Aus Apfelschalen hat unsere Mutter immer einen Beruhigungstee für ihre wilde Bubenbande gekocht.

Schlussendlich ist der tägliche Apfel ein Elixier zur Erhaltung von Gesundheit und Ausgewogenheit. Wenn Sie nicht zu den Glücklichen gehören, die die Äpfel im eigenen Garten ernten können, sollten sie beim Einkauf vor allem auf eine saubere Herkunft, am besten aus heimischem biologischem Anbau achten.

Der Birnbaum

MONDHOLZ UND DICHTE FASER

Thoma-Vollholzboden in Birne

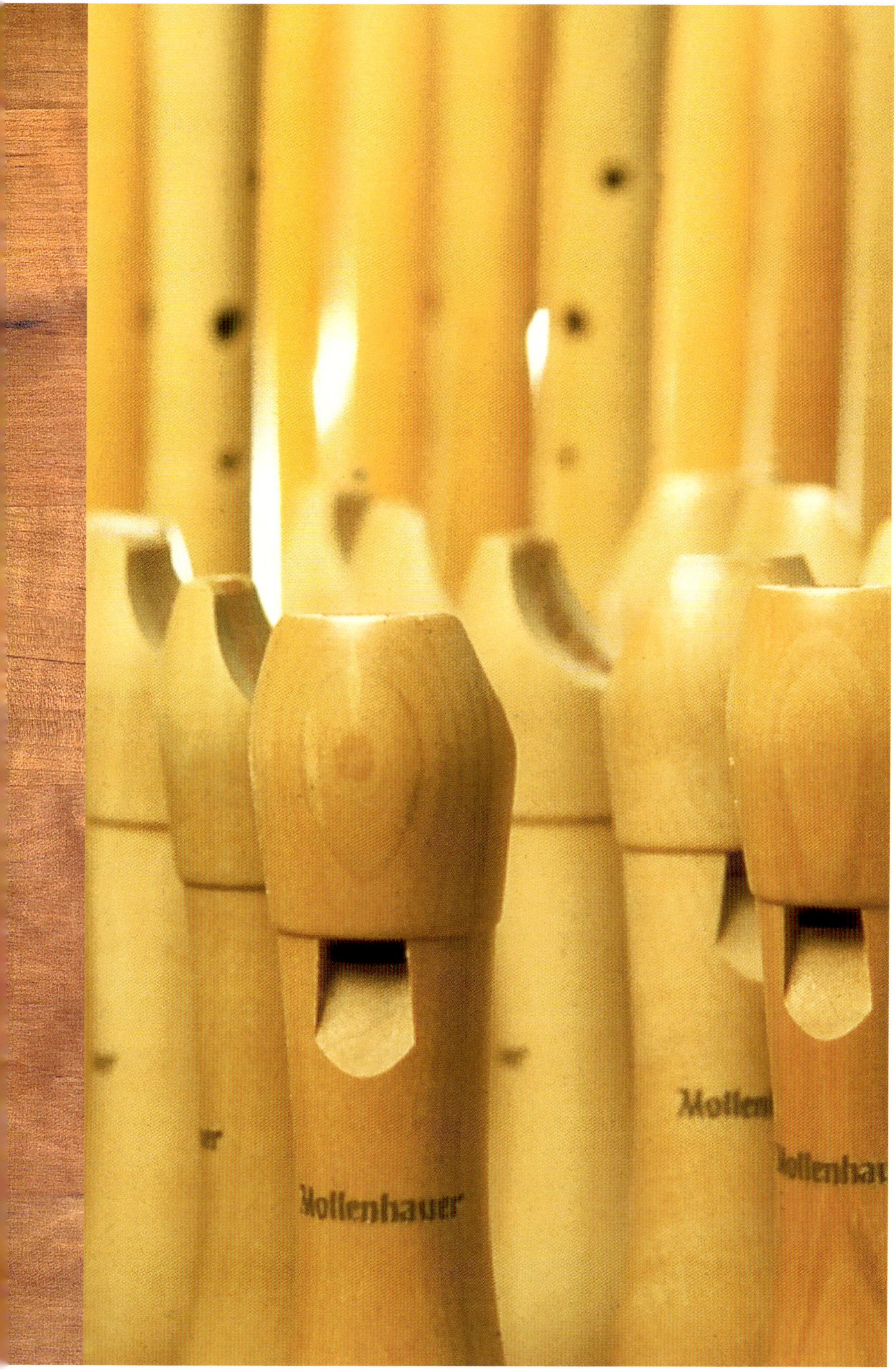
Mollenhauer

DER BIRNBAUM
Mondholz und dichte Faser

Die Blockflöte war das erste Musikinstrument, das mir geschenkt wurde. Das rote Birnenholz der Flöte, auf der ich das Spielen lernte, hat sich mir gut eingeprägt. Heute weiß ich, warum gerade Birnenholz für Holzblasinstrumente so gut geeignet ist. Gutes Holz für diesen Zweck soll eine mikroskopisch feine Oberfläche haben, an der sich die schwingende Luftsäule möglichst wenig reibt. Nur so entsteht ein schöner, reiner Klang. Das feinporige, dichte Birnenholz erfüllt diesen Wunsch ausgezeichnet.

Dichtes Holz wird nicht nur von Instrumentenbauern gesucht. Es hat auch noch andere Eigenschaften, die äußerst vorteilhaft sind.

Neumondholz

Unerwartet hat eine Forschungsarbeit zum Thema Holzdichte in einer hitzig geführten Debatte zu einem Wendepunkt geführt. Wie schon erwähnt, haben sich seit Veröffentlichung meines ersten Buches »… dich sah ich wachsen« Mondholzgegner und Befürworter in Kreisen der Holzverarbeitung und auch innerhalb der Holzforschung formiert. Die Auseinandersetzung wurde zum Teil heftig und manchmal auch sehr emotionell geführt. Dem Schweizer Holzforscher Prof. Dr. Zürcher, der u.a. an der Eidgenössischen Technischen Hochschule ETH in Zürich, Department für Holzwissenschaft lehrte und arbeitete, ist im Jahr 2003 endlich der entscheidende Durchbruch gelungen:

Mondholzgegner verweisen stets darauf, dass allen überlieferten Regeln zum Trotz, bei zu- und abnehmendem Mond ungefähr gleich viel Wasser in den Bäumen gemessen wurde.

Zürcher konnte nun zeigen, dass trotzdem zwischen der Holzernte bei zunehmendem und abnehmendem Mond ein wesentlicher Unterschied im Holz besteht.

Im Holz gilt nämlich: Wasser ist nicht gleich Wasser!

Es gibt zwei Arten von Wasser im Baum

Das Innere des Holzes besteht aus Hohlräumen, wie Kapillare, Röhren, Leitungen etc. und aus fester Substanz, im wesentlichen Zellwände.

Wenn nun staubtrockenes Holz mit Wasser befeuchtet wird, so wird dieses Wasser sofort von den trockenen Zellwänden aufgesaugt. Dies geht so lange, bis die Zellwände vollkommen gesättigt sind. Dabei dehnen sich die Zellwände aus und es entsteht das bekannte Quellen des Holzes. Die vollkommene Sättigung der Zellwände ist bei einer Holzfeuchte von ca. 30 bis 35 % erreicht. (Je nach Holzart verschieden). Diesen Punkt nennt man Fasersättigungspunkt. Ab diesem Punkt nimmt das Holz noch weiter Wasser auf. Dieses Wasser wird jetzt aber nur noch in den freien Hohlräumen eingelagert. Man spricht hier vom freien Wasser im Gegensatz zum gebundenen Wasser, das in den Zellwänden eingelagert – gebunden ist. Bei der Aufnahme oder Austrocknung von freiem Wasser quillt und schwindet das Holz nicht mehr. Ein mit Wasser vollkommen angesoffenes (gesättigtes) Stück Holz enthält ungefähr ein Drittel gebundenes und zwei Drittel freies Wasser. Bis hierher ist das für Holztechniker und Forscher nichts Neues. Jetzt kommt aber die bedeutsame Entdeckung von Prof. Zürcher dazu:

Bei den im Wald wachsenden Bäumen verschiebt sich 14-tägig im Rhythmus des abnehmenden und zunehmenden Mondes der Fasersättigungspunkt. In der abnehmenden Mondphase enthalten die Stämme deutlich mehr gebundenes Wasser und weniger freies Wasser in den Hohlräumen. Der Fasersättigungspunkt ist in dieser Zeit höher als in der Periode des zunehmenden Mondes. Das hat technisch weitreichende Folgen. Holz bei abnehmendem Mond geerntet – nennen wir es Neumondholz – verliert bei der Trocknung mehr gebundenes Wasser. Das bedeutet einen größeren Schwund, weil sich die Zellstruktur stärker zusammenzieht. Nach vollzogener Trocknung ist dieses Holz dadurch dichter und je Kubikzentimeter auch schwerer als Vollmondholz. Um festzustellen, welchen Vorteil diese höhere Dichte auf die natürliche Widerstandskraft gegen Holzschädlinge, insbesonders Pilzbefall hat, wurden von Prof. Zürcher die Neumondholz- und Vollmondholzproben gemeinsam drei Jahre am Dach des Institutes Wind und Wetter ausgesetzt. Der Vergleich nach drei Jahren darf als sensationell bezeichnet werden.

Der Abbau der Holzstruktur durch holzzerstörende Pilze war in den Proben, die bei zunehmendem Mond geerntet wurden, deutlich weiter fortgeschritten, während die Neumondholzproben noch fast unversehrt waren. Im anschließend statischen Druckversuch zeigte sich, dass die Neumondholzproben im Durchschnitt um 20 % (!) höher belastbar waren. Alle Proben stammten vom gleichen Wuchsort und wiesen einen absolut vergleichbaren Jahresringaufbau auf.

Zum Zeitpunkt der Holzernte war die Druckbelastbarkeit von Neumond- und Vollmondholz praktisch gleich groß. Drei Jahre später zeigte sich, dass Holzschädlinge in die dichtere Struktur vom Neumondholz viel schwerer eindringen konnten. Die Belastbarkeit war jetzt schon um 20 % höher. Dieser Vorteil von Neumondholz – die höhere natürliche Dauerhaftigkeit und Resistenz gegen Holzschädlinge ist für fast alle Arten der Holzverwendung von Bedeutung. Es erklärt eines der Geheimnisse alter Holzbauten, die ohne jeglichen chemischen Holzschutz oft viele Jahrhunderte unbeschädigt überdauern können. In einer Zeit, in der gesund und natürlich dauerhaft bauen immer wichtiger wird, offenbart sich uns die Weisheit der Natur. Diese Möglichkeit hilft einmal mehr, unsere Wälder und das Holz als einen der kostbarsten, gesündesten und schönsten Baustoffe zu verstehen und als Geschenk der Schöpfung immer mehr in unser Leben einzubauen. Beginnend von der Blockflöte aus Birnenholz bis hin zum Holzhaus aus Neumondholz.

Die Vorteile von Neumondholz dienen jedem, der mit Holz zu tun hat. Für den Holzbaumeister ist nichts so wichtig, wie eine natürliche, hohe Resistenz gegen Schädlinge, die so hoch ist, dass auf jedes giftige Holzschutzmittel verzichtet werden kann. Tischler- und Möbelbauer berichten davon, dass langsam getrocknetes Neumondholz etwas weniger arbeitet als rasch getrocknetes Vollmondholz. Instrumentenbauer, die besonders qualitätsvolle Musikinstrumente schaffen, gehörten von Anfang an zu den begeistertsten »Neumondholzanhängern«. Kein Wunder, wenn man weiß, dass dichteres Holz schöner klingt. Der abnehmende Mond macht das Holz, das zu seiner Zeit geerntet wird, dichter, langlebiger und lässt es auch noch schöner klingen. Der Preis dafür ist gering. Schauen Sie auf den Kalender, bevor Sie zur Holzernte in den Wald gehen. Dies gilt für alle Baumarten. Ob Fichte oder Tanne, Lärche, Kiefer oder Laubbäume – der Mond scheint und wirkt bei allen Bäumen gleich.

DER BIRNBAUM IN DER BAUMFAMILIE

Es ist kaum zu glauben, was aus den knorrigen, tief verwurzelten Gestalten im kahlen Winterkleid wird, wenn der warme Frühling ins Land zieht. Wer das verschwenderische, weiße Prachtkleid sieht, kann verstehen, dass derart festliche Aufzüge nicht in Massen anzutreffen sind.
Die Bildung großer Wälder seiner Art ist auch nicht das Anliegen des Birnbaumes. Als schmückender Kontrast in der Landschaft ist er genauso wenig wegzudenken wie seine Früchte, die schon seit der Steinzeit eine willkommene und köstliche Abwechslung am Speisezettel der Menschen waren. Sei es der Dachs, der sich im Mondlicht am Fallobst labt, oder die unzähligen Vogel- und Insektenarten, die durch diesen Baum ihre Lebensgrundlage finden: im Netzwerk aller Lebewesen ist der Birnbaum fest eingeflochten und es ist eine lange Reihe von Freunden und Bewohnern, die seine Gaben genießen.

DER BIRNBAUM BIRNENHOLZ

Birnenholz

Neben dem Bergahorn ist auch das Birnenholz mit ganz feinen Poren ausgestattet. Tischplatten und Möbeloberflächen aus Birnbaum weisen den Schmutz ab. Sie sind besonders pflegeleicht.

Wie der Humor im Leben oder das Salz in der Suppe, so ist es die Aufgabe des Birnbaumes, in der richtigen Dosis so mancher Landschaft den entscheidenden Glanz zu geben.

Das kostbare, samtig rote und harte Holz ist in der Wohnung für wohl dosierte Akzente wie geschaffen. Birnenholz wirkt besonders ruhig und gemütlich. Der edle Fußboden in der guten Stube oder der Tisch aus Birnenholz prägen ganz besondere Plätze der Muße und Entspannung. Die Birne gibt uns eines der wertvollsten heimischen Möbelhölzer. Eine besondere Eigenschaft: Birnenholz ist neben der Eiche eines der witterungs- und feuchtigkeitsbeständigsten Laubhölzer, die wir kennen. Gut gebaute Birnenmöbel sind in jedem Fall ein Schatz für Generationen.

Auch den Musikern macht die Birne ein Geschenk: Die schönsten wohlklingenden Flöten entstehen aus Birnenholz.

DIE BEDEUTUNG FÜR DIE SEELE UND GESUNDHEIT

Der Birnbaum gehört zu den Bäumen der Muße.
Seine ganz besondere Eigenheit ist schon an der Gestalt zu erkennen. Mächtige Stämme lassen tiefe Wurzeln vermuten. Seine struppige Krone mit den knorrigen Ästen verrät von Energie und Kraft. Er ist ein Baum, der Genuss mit Maß und Ziel, mit Überblick verbindet und Gemütlichkeit ausstrahlt.
Seine Blütenpracht entspringt einem starken Stamm mit festem Halt in der Erde. Die süßen Früchte reifen auf festen Ästen. Der Birnbaum stärkt sensible und verletzbare Menschen. Seine blühend fruchtige Botschaft ist wie der gute Rat eines lebenserfahrenen Menschen, der nicht mit drohend erhobenem Zeigefinger predigt, sondern mit dem Augenzwinkern des tiefsinnigen Humors zu erzählen weiß.

Zur volksmedizinischen Anwendung soll unser Opa erwähnt werden, der mit seinen 93 Jahren noch an jedem Vormittag sein Stamperl Obstler trank. Niemals mehr und niemals weniger. Maß und Ziel sind ihm ganz besonders wichtig gewesen. Er erzählte oft, dass er in seinem ganzen Leben nur ein einziges Mal zu viel erwischt hatte.
Kosten tat er aber jeden Tag davon.

Die Lärche

DEN STÜRMEN TROTZEN

Thoma-Vollholzboden in Lärche

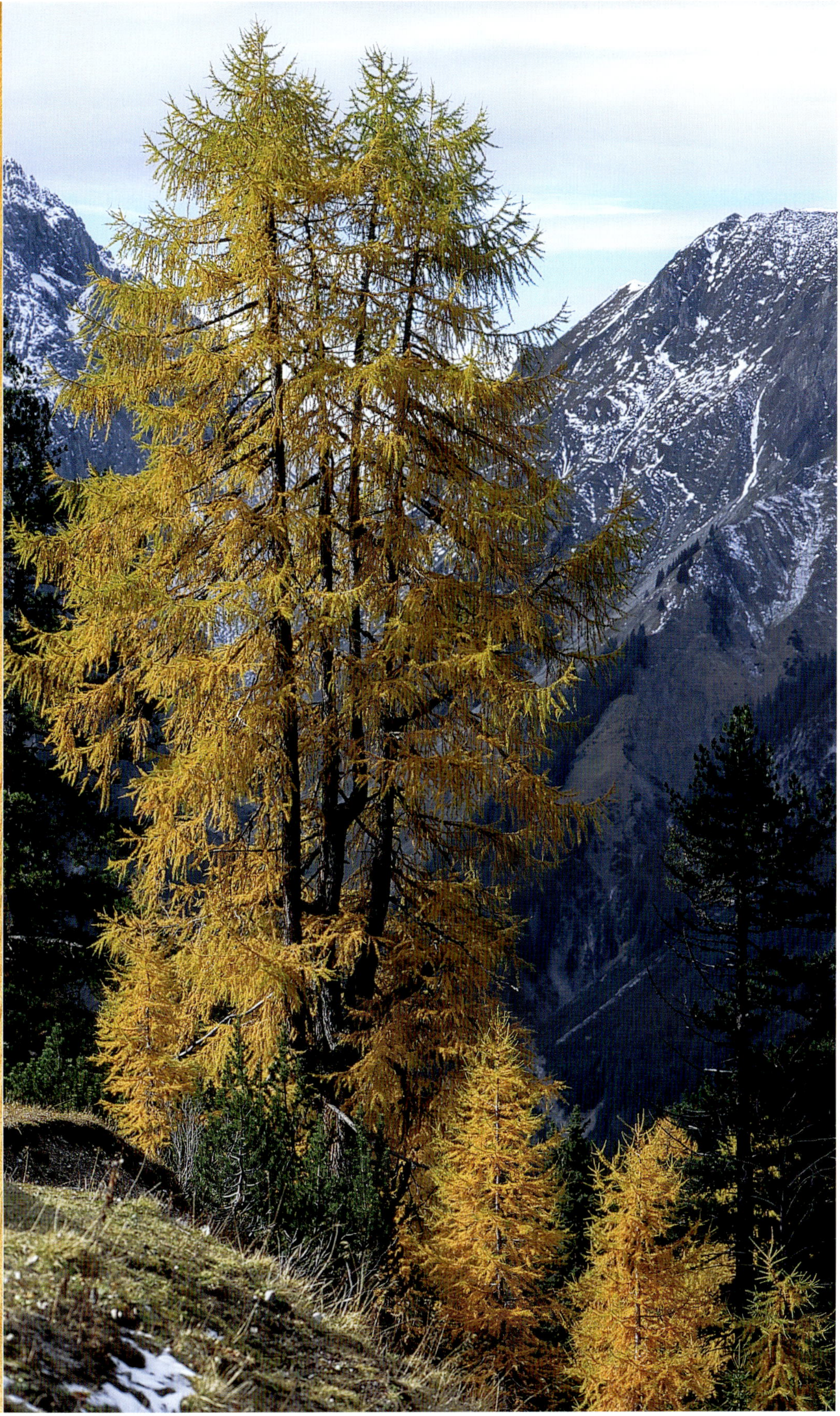

DIE LÄRCHE
Den Stürmen trotzen

Nicht mehr sanierungsfähig! Das ist ein schlimmes Urteil. Besonders schlimm ist es, wenn ein 300 Jahre altes, wunderschönes Bauernhaus gemeint ist. Zur wahren Katastrophe müssen diese Worte aus dem Mund des herbeigeholten Fachmannes in den Ohren des betroffenen Ärzteehepaares geworden sein, als sie zur Befundaufnahme bei ihrem kürzlich gekauften hölzernen Traumhauses standen.

Der Fachmann sah die entsetzten Gesichter und wollte seine Meinung noch untermauern. »Keine einzige Wand ist gerade. Das Dach ist weiß Gott wie lange schon undicht. Sogar die Balkendecke ist bereits angefault. Wenn eine Sanierung überhaupt möglich ist, dann kostet das so viel, dass sie sich zwei Häuser kaufen können!« Zum Beweis stocherte er mit der Spitze seiner Axt an den Balken der Außenwände herum. »Schauen Sie, je tiefer ich komme, desto fauler wird das Holz. Hier hat einfach schon zu lange niemand gewohnt und das Wasser ist überall hingekommen. Wenn Sie möchten, dann schneiden wir hier den faulsten Balken da ganz unten aus der Blockwand heraus, damit sie die Bescherung sehen können!«

Die Frau und der Herr Doktor stimmten deprimiert zu. Wenn schon, denn schon. Wenn ihr Traum von der Erhaltung dieses jahrhundertealten Holzjuwels schon platzen sollte, dann wollten sie es gleich wissen. Die beiden wollten sich dem Unglück stellen, ihm gewissermaßen gleich ins Gesicht schauen. Spätestens als die Motorsäge einige Zentimeter in die graue Holzwand eingedrungen war und gar nicht recht vorwärts kommen wollte, tauchte aber der Verdacht auf, dass die Wand doch nicht so faul sein konnte. Aber es ging ja um die absolute Gewissheit und der Balken sollte heraus. Das einfache Herausschneiden des Holzstückes aus der Wand entwickelte sich zur schweißtreibenden Arbeit.

Härter und härter erschien die Blockwand, die sich an dieser Stelle durch die roten Sägespäne als Lärchenholz entpuppte. Stumpfer und stumpfer wirkte die scharfe Motorsäge, die sich schlussendlich rauchend und kreischend, mehr schlecht als recht durch die hölzerne Wand hindurchbiss. Mit Schlögel und Keilen wurde der an zwei Seiten durchgeschnittene Balken aus der Wand herausgetrieben.

Schlag um Schlag, Zentimeter um Zentimeter rückte der vierkantige behauene Stamm aus dem Gefüge heraus, in dem er in all der Zeit das Gewicht von Wänden und dem Dach getragen hatte. Den gestrickten, ineinander verzahnten Verband der hölzernen Wand schien es wenig zu berühren, dass hier an seinem Fuß nach so vielen hundert Jahren plötzlich ein Stück der Fußschwelle herausgeschnitten wurde. Das Standvermögen eines Blockhauses kommt aus der wohl unerschütterlichsten Bauform, die der Mensch je hervorgebracht hat. Die einmalige Elastizität des Baustoffes Holz und der verflochtene Verband der Eckverbindungen halten selbst dem stärksten Erdbeben stand. Der Austausch eines einzelnen Balken kann die anderen nicht berühren.

Der Herr Doktor ist zwar kein Zimmermann und kein Tischler, aber mit seinem feinen medizinischen Werkzeug auch ein Handwerker und zwar einer von der ganz genauen und wachen Sorte. Als der Holzbalken immer weiter aus der Wand geschlagen wurde und mit jedem Ruck an der frisch aufgeschnittenen Stirnseite mehr von seinem Innenleben offenbarte, wusste der Arzt, dass er jetzt noch viel mehr um sein Holzhaus kämpfen wird und der Traum noch lange nicht ausgeträumt ist.

Denn das hatte wirklich niemand erwartet: Einen guten Zentimeter tief war das Holz an der Außenseite von Wetter und Wasser angegriffen, porös und weich geworden. Dahinter gab es keine Spur vom erwartet faulen Antlitz vermoderter Balken. Im Gegenteil, neuerdings lachte rotes Lärchenholz knochenhart und frisch, wie wenn es gerade erst gewachsen wäre, die erstaunten Betrachter an.

Die Lärche strahlte nach Jahrhunderten in der Wand die Frau und den Herrn Doktor an und wies ihnen den Weg. Sie ermunterte die beiden, an ihrem Traum festzuhalten, auch wenn andere und sie selbst den Glauben daran schon fast aufgegeben haben. Das kann nur die Lärche. Feinjährig gewachsenes Berglärchenholz gehört zu den unverwüstlichsten und dauerhaftesten Materialien, die in unseren Wäldern zu finden sind.

Als ich das erste Mal von dem Projekt hörte, hätte ich beinahe ebenso einen lärchernen Wegweiser benötigt. Einfach war diese Aufgabe wirklich nicht. Das Haus musste praktisch ausgehöhlt und danach das Innenleben neu errichtet werden. Wir sollten dabei dem ehrwürdigen Bauernhaus gerecht werden, zeitgemäßen Wohnkomfort schaffen und das Gebot sinnvoller Sparsamkeit nicht aus den Augen verlieren.

Die Entscheidung der richtigen Baumarten, die zu diesem Haus passten, wurde rasch gefunden. Braunkernige Bergeschen für die Böden sowie Brandschutzschalungen und Deckenbalken aus feinjähriger Fichte. Die Wohnküche sollte mit duftender Zirbe verkleidet werden.

Die Suche nach dem geeigneten Handwerker dagegen, die erschien dem Herrn Doktor viel schwieriger. Es sollte jemand sein, der das notwendige Gespür für das Werk mitbringt. An Sonderwünschen, Skizzen, Vorstellungen und Ideen der Bauherren mangelte es darüberhinaus auch nicht. Die Frau und der Herr Doktor hörten gar nicht auf mit der begeisterten Schilderung, wie das alles einmal sein würde. Ich fragte, ob sie denn genug Geduld hätten, wenn die Arbeit langsam, aber stetig voranginge. »Ja, die Zeit nehmen wir uns gerne, wenn nur die Ausführung passt!« Damit hatten sich die beiden, ohne es zu wissen, schon für einen Handwerker entschieden, den sie noch gar nicht kannten.

»Bergführer und Tischlermeister!«

Diese Aufschrift ziert den Hauseingang meines Freundes, Hans Grübl. Er ist ein begnadeter Handwerker, bei dem man das Gefühl hat, dass die Freiheit und Kraft seiner Bergtouren direkt in das Handwerk einfließen, sich ideal ergänzen, ineinanderfügen und vollenden.

Zu meiner Freude sagte der Hansl zu, mit mir und seinem Freund Franz, einem Zimmermann, in die Steiermark zu pilgern und sich die Sache anzuschauen.

Der Zimmermann Franz war, was sich erst herausstellen sollte, gleichermaßen ein kostbarer Gewinn für das Projekt, wie ein wertvoller Temperamentausgleich für die von Arbeit, Bau und Großstadt gestressten Nerven der Bauherren. Genau genommen war so etwas wie Temperament beim Franz ja gar nicht vorhanden. Sicherlich hatte sein Lebenswandel in den letzten fünfzig Jahren zur Ruhe des Franz beigetragen. Er gehört zu den wenigen Menschen, die ihren Heimatort im engen Bergtal erst ganz selten und nicht sonderlich weit verlassen haben. Herumfliegen, wie er es nennt, das ist nicht seine Sache. Er werkt lieber im vertrauten Raum. Dort weiß er sich allerdings zu helfen. Es gibt nichts, was der Franz nicht auflösen könnte. So kompliziert kann eine Treppe oder ein Dachstuhl gar nicht sein, dass der findige Franz hinter seiner breiten Stirn nicht schon eine Lösung verborgen hätte. Nachdem auch der Hansl zu der Sorte Menschen gehört, die das Reden lieber den anderen überlassen, war unsere Fahrt in die Steiermark eine ziemlich ruhige Angelegenheit.

DIE LÄRCHE DEN STÜRMEN TROTZEN

Erst nach einer guten halben Stunde meldete sich der Franz, der, weiß Gott, ob er überhaupt schon eine derartige Expedition, wie er es nannte, hinter sich gebracht hatte und sichtlich von der Fahrt beeindruckt war, folgendermaßen:

»Du Hans, mecht ma goa nit glabn, wia de Londschoft ban Auto vorbeifliagt!« (Du Hans, man möchte es gar nicht glauben, wie die Landschaft am Auto vorbeifliegt!)

Danach war es eine Stunde lang wieder ziemlich still, bis der Hansl meinte: »Hiaz weama ins oft amoi a Kafetschei vagunna!« (Er meinte: »Es wäre Zeit, sich einen Kaffee zu vergönnen«.)

Derart gestärkt kamen wir gut beim einsamen Bauernhaus und dem wartenden Ehepaar in der steirischen Bergwelt an. Nach einem schweigsamen Händedruck war der Franz bald irgendwo im alten Gebälk verschwunden. Das Gebälk, die alten Holzverbindungen, der Geruch und die Spuren von der Art des alten Handwerkes, das er so hoch hält, das war das reinste Lebenselixier für ihn. Er sprach zwar immer noch nicht viel, aber seine Augen glänzten vor Freude und Begeisterung.

Die beiden Bauherren, die schon seit längerem erfolglos auf der Suche nach den richtigen Handwerkern für ihr Projekt waren, spürten auch, dass sie hier zwei besondere Menschen gefunden hatten. Allein mit einem vor Begeisterung strahlenden Franz war für sie die Sache nicht abgetan. Im Gegenteil, endlich fand sich jemand, bei dem sie das Gefühl hatten, ver-

Mit Lärchenholz in der Wohnung werden Sie immer stärker in sich selbst vertrauen

standen zu werden, gut aufgehoben zu sein. Alles sollte besprochen werden, kein Detail wollte die Frau Doktor vergessen. Eine noch viel umfangreichere Sammlung von Plänen und Zetteln, Skizzen, Zeichnungen, Ideen und Anregungen, als ich sie schon kannte, wurde jetzt vor dem Hansl und dem Franz ausgebreitet.

Gut gemeinte Vorschläge wurden mit einer gnadenlosen Vollständigkeit verabreicht, bis der Franz, für den so vieles ohnehin selbstverständlich war, förmlich geistig zu kauen begann.

Gleich einer Kuh, die am Abend im Stall noch immer die im Tagesverlauf hineingefressene Grasmenge zur Verdauung durch ihre Mägen wälzt und wiederkaut, saß der Franz bei der Heimreise im Auto und drückte an den im Überfluss servierten Informationen herum.

Nach einer schweigsamen »inneren Verarbeitungsstunde« hatte der Franz aber auch diesen groben Brocken auf seine praktische Art gelöst. Er machte dem Hansl einen genialen Vorschlag:

»Du Hans, den Dokta seine Zettel, de ria ma in an Hefn eichi, donn siad mas auf und am Schluss sauf ma de gonze Suppn. Oft vagessma gwiss nix und kunnans in Dokta krecht mochn!«

(Du Hans, dem Doktor seine Zettl, die rühren wir in einen Topf hinein, lassen das Ganze aufkochen und zuletzt trinken wir die ganze Suppe. So vergessen wir sicher nichts und machen es dem Herrn Doktor recht.)

Diese Suppe zur Vergeistigung und Verinnerlichung der Pläne wurde dann doch nicht gekocht, zumindest nicht so heiß. Das Ergebnis der Handarbeit mit ausgewählten Bäumen und Flachs kann sich aber sehen lassen und es ist tatsächlich ein begeistertes und hochzufriedenes Bauherrenehepaar mit einem kostbar erhaltenen und liebevoll restaurierten Bauernhaus, das schon dem Abbruch preisgegeben war, zurückgeblieben.

Lärchenharz

Lärchenharz ist eines der kostbarsten Naturheilmittel, die wir aus unseren Bäumen gewinnen können. Es ist ja von der Natur dazu entwickelt, Verletzungen des Baumes rasch zu schließen, gleichzeitig die Wunde zu reinigen und Pilze und Bakterien draußen zu halten.

Es klingt in Zeiten der Schulmedizin abenteuerlich, aber diese Eigenschaften des Harzes wirken auch bei Mensch und Tier ohne Einschränkung gleichermaßen segensreich. Gelernt habe ich das vom Opa. Als Zimmermann hatte er sein Lebtag lang immer wieder auf abgelegenen Baustellen,

Almhütten, Bergbauernhöfen oder den Schutzhütten in den Krimmler Tauern, fernab von jeder Zivilisation oder Fahrstraße zu arbeiten. Die Büchse mit Lärchenharz, vom Opa Lärch-Pech genannt, war da immer dabei und tatsächlich wurde damit so manche böse Verletzung geheilt. Der Opa ging damals schon auf die neunzig Jahre zu, als ich erlebte, wie er, der bekannt dafür war, dass er sich bei der Arbeit nie ernsthaft verletzt hatte, mit dem Handballen über den rotierenden Messerkopf einer Hobelmaschine gekommen ist. Das Fleisch des Handballens war beinahe zentimetertief weggehobelt. Eine klaffende Wunde, mit der man normalerweise so schnell wie möglich in das Krankenhaus muss. Davon wollte der Opa aber nichts wissen. Er ließ sich ohne jede weitere Reinigung oder Versorgung der Hand die Wunde dick mit klebrigem, duftendem Lärch-Pech einstreichen, ja förmlich verschließen. Nun kam ein weißes Tuch darüber und was sich darunter abspielte, blieb vierzehn Tage ein Geheimnis. Nach zwei Wochen war das Tuch schon ziemlich abgewetzt, als es sich der Opa herunternehmen ließ. Unglaublich, die mehrere Zentimeter lange und breite Wunde war schön verheilt und von einer neuen, feinen Haut überzogen. Nirgendwo war die Spur einer Entzündung oder einer hässlichen Narbe zu sehen. Nur der Opa wunderte sich nicht. »Das haben wir immer so gemacht«, war sein ganzer Kommentar.

Dieses Erlebnis habe ich nicht vergessen und meine Frau und ich begannen in der eigenen Familie anfangs kleinere und später auch größere Wunden mit Lärchenpech zu behandeln. Der Erfolg war jedes Mal wieder so gut, dass diese kostbare Gabe der Lärchenbäume eigentlich viel besser Lärchenglück – und nicht Lärchenpech genannt werden sollte.

Ich erinnere mich an einen Vortrag, den ich vor einigen Jahren im Winter in Deutschland gehalten habe. Alles war organisiert, der Saal reserviert, Einladung und Plakate gedruckt und beim Veranstalter waren bereits erfreulich viele Anmeldungen eingetroffen. Eine knappe Woche vor dem Vortrag war ich an einem Tag stundenlang im Wald und im Hochgebirge unterwegs. Vom langen Fußmarsch heimgekommen, spürte ich in der Nacht Schmerzen in der großen Zehe. Einen weiteren Tag später konnte ich den Schuh nicht mehr anziehen. Ich ging zum Arzt und bekam neben der Diagnose einer bösen Nagelbettentzündung eine Salbe und einen Verband angelegt. Der bevorstehende Vortrag machte mir Sorgen. In dieser Winterszeit war es ja nicht möglich, mit Sandalen oder Hausschuhen anzureisen.

Zwei Tage vor dem Vortrag waren die Schmerzen so stark, dass ich kaum mehr gehen konnte. Ich suchte wieder den Arzt auf und hörte eine unerfreuliche Nachricht: »Die Nagelentzündung hat sich trotz Salbe und antiseptischer Fußbäder so stark ausgebreitet, dass der Nagel nicht mehr gerettet werden kann. Am besten ist es, den Nagel unter Narkose sofort zu ziehen!«

Den Vortrag vor Augen, wusste ich, dass ich mit einem gezogenen Nagel einige Tage mit hochgelagertem Fuß liegen müsste und lehnte das ab. Der Arzt meinte: »Morgen stehen Sie sicher wieder hier bei mir, weil Sie die Schmerzen dieser Entzündung nicht mehr aushalten werden!« »Ich will es noch eine Nacht versuchen«, war meine Antwort. Zuhause angekommen, strich mir meine Frau die Zehe dick mit Lärchenharz ein. Bereits nach zwei Stunden hatte ich das Gefühl einer leichten Linderung. In der Nacht konnte ich wieder schlafen. Die Anreise zum Vortrag erfolgte bereits wieder mit Schuhen und beim Vortrag selbst konnte ich zweieinhalb Stunden mit nur leichten Schmerzen stehen. Nach einer Woche entfernte ich den bis dahin verschlossenen Verband. Neben dem Nagel hatte das Harz ein Wundsekret »herausgesaugt.« Der Nagel war wieder vollkommen gesund und alles verheilt.

Von diesem Tag an war und ist Lärchenharz mein wichtigstes Mittel bei Verletzungen und Entzündungen – nicht nur für Menschen. Bei der jungen Norikerstute Flora hatten wir eine böse Hufentzündung. Das Pferd konnte nur mehr auf drei Beinen aufsteigen. Zuerst versuchten wir es mit einem Hausmittel – täglich zwei Sauerkrautwickel um den Huf. Das half in diesem Fall nichts. Im Gegenteil. Das Pferd bekam Fieber und verfiel sichtlich, sodass ich am dritten Tag den Tierarzt holte. Der kam, spritzte Penicillin und schnitt den Huf auf, damit das Wundsekret herauskonnte. Trotz nun täglichen Tierarztbesuchen und Spritzen verbesserte sich der Zustand des Pferdes gar nicht. Im Gegenteil. Das Fieber stieg und stieg, die gute Flora war völlig apathisch und sterbenskrank. Förmlich im letzten Moment vertrauten wir auf die Lärche und legten der Flora am Huf und unmittelbar darüber ein dickes Lärchenharzpflaster auf. Am nächsten Tag sank das Fieber und wir stellten gegen den Rat des Tierarztes seine Spritzenkur ein. Am dritten Tag mit dem Lärchenharzpflaster öffnete sich am oberen Rand des Hufes das Gewebe und ca. ein halber Liter Wundsekret floss aus. Diese Wunde war nach zwei weiteren Tagen wieder wunderschön zugewachsen und bereits eine Woche später konnte Flora auch auf hartem Boden wieder gehen, als wäre nichts geschehen.

Lärchenharz ist von der Natur dazu geschaffen, Wunden zu reinigen, rein zu halten und zu verschließen. Warum sollten wir auf so ein wirksames Mittel verzichten? Der Einsatz kann und soll ja durchaus in Kombination mit der Schulmedizin und ärztlicher Überwachung erfolgen. Lärchenharz ist die beste Heil- und Zugsalbe aus der Apotheke der Wälder.

DIE LÄRCHE IN DER BAUMFAMILIE

Die Lärche weist in jeder Hinsicht Besonderheiten auf und tanzt aus der Reihe. In der Familie der Nadelbäume fällt sie durch ihre besondere Anpassungsfähigkeit auf.

Es ist schon beeindruckend, ein und denselben Baum in den allerhöchsten Schutzwäldern im Kampf gegen Lawinen, Schneedruck und Hochgebirgsstürmen ebenso anzutreffen, wie in tiefen, warmen und trockenen Lagen, wo bereits der Wein reift. Als Pionier unter den Bäumen im Nadelkleid ist die genügsame Lärche weniger auf die vorbereitende Bodenaufschließung durch vorauseilende Birken und Erlen angewiesen als etwa die mächtigen Tannen oder Fichten.

Der Lärchenbaum ist vielseitig, unkompliziert und anpassungsfähig. Nicht umsonst ist er der einzige Nadelbaum, der jeden Herbst unbekümmert sein Kleid abwirft, um voll Vertrauen im Frühjahr wieder das zarteste Hellgrün zwischen den dünkleren, langsamer wachsenden Fichten und Tannen zu zaubern.

Der Lärchenbaum ist tatsächlich schneller als die mächtigen Geschwister im dunkelgrünen Nadelkleid. Das hängt mit seinem Heißhunger nach Licht zusammen. Vor allem in der Jugend ist viel Licht für die kleinen Lärchenpflanzen das Wichtigste. Damit sie sich diesen Wunsch erfüllen können, wurde ihnen als

DIE LÄRCHE LÄRCHENHOLZ

rasches Streben zum Himmel ein besonders schnelles Wachstum in der Jugend mitgegeben. Wenn auch noch ein guter Boden dazukommt, können sie mit ihren geraden Stämmen lichte und luftige Höhen von vierzig und mehr Metern erreichen. Gerade im kalten Hochgebirge, wo die wärmeliebenden Laubbäume Buche und Eiche nicht mehr hinaufwandern können, ist die tief und fest verwurzelte Lärche oft für die ganze Baumfamilie ein wichtiger und unverzichtbarer Schutz gegen die tosenden Stürme, die immer wieder über unsere Alpen brausen.

Wer diese feingliedrigen Bäume nur an einem ruhigen Tag im Bergwald beobachtet, kann es sich schwer vorstellen, wie erfolgreich und beständig sie kurze Zeit später dem gewaltigsten Sturm widerstehen, sich klug biegen und dehnen und seine zerstörende Kraft auf diese Weise brechen und nur gebremst in den Wald einlassen. Lärchen erfüllen eine große und segensreiche Aufgabe in den Bergwäldern und schützen die Menschen in den Tälern.

Lärchenholz

Im Lärchenholz begegnet uns wieder eines der großen Wunder und ein Geschenk aus unseren Wäldern.

Das harzreiche Lärchenholz ist auch beim Einsatz im Freien unglaublich verwitterungsfest und beständig. In den Niederen Tauern wurde ich zur Sanierung eines 450-jährigen Bauernanwesens geholt, das zur Gänze aus Holz errichtet war. Im Gespräch mit dem Großvater und beim Stöbern in der Familienchronik stellte sich heraus, dass die Lärchenschindel, die seinerzeit noch mit Holznägel am steilen Dach befestigt wurden, 200 Jahre (!) alt waren. Zwei Jahrhunderte haben sie Wind und Wetter standgehalten. Mehr als 70.000 Tage mit Sonne, Regen, Hagel, Sturm und Schnee! Ein wahrhaft eindrucksvolles Beispiel für die natürliche Verwitterungsbeständigkeit der Lärche. Als normale Lebensdauer für handgespaltene Lärchenschindel werden heute je nach Dachneigung und Ausrichtung ca. 40 bis 60 Jahre angegeben.

Wer gutes, ausgereiftes Lärchenholz zur Verfügung hat, kann Holzschutzmittel und Imprägnierungen getrost vergessen. Überall wo es gilt, der Verwitterung standzuhalten, von der Fassade und dem Holzfenster bis zum Terrassenbelag ist die unbehandelte, unverleimte, (die ohne giftigen Kunstharzleim behandelte Lärche) die gesunde und verlässliche Wahl.

Gerade im Alpenraum steht die Lärche in viel größeren Mengen und zu günstigeren Preisen als die Eiche zur Verfügung, sodass ihre Bedeutung für gesundes Holz im Freien immer mehr zunimmt. Aber nicht nur im Freien, sondern auch in der Wohnung erobert die Lärche durch die besondere Wirkung des rötlichen, warmen Holzes auf uns Menschen eine feste Stelle.

Die Strapazfähigkeit von Möbel, Wandverkleidungen und vor allem Fußböden aus dem mittelharten Lärchenholz, ist zwischen der weicheren Fichte und den härteren Laubhölzern wie Esche, Buche, Ahorn und Eiche angesiedelt. Die Wirkung eines Fußbodens aus vollem Lärchenholz kann mit keinem anderen verglichen werden. Dieser Baum wächst eben für ganz bestimmte Menschen.

DIE BEDEUTUNG FÜR DIE SEELE UND GESUNDHEIT

Die feine Lärchengestalt verrät es nicht sofort, was sie zu leisten imstande ist, wenn es im Ernstfall darauf ankommt. Wenn plötzlich die Stürme brausen, gehört sie, die vorher Unscheinbare, plötzlich zu den wichtigsten Stützen der Baumfamilie.

Wer sich selbst zu wenig zutraut, verhindert den eigenen Erfolg am wirkungsvollsten. Die Lärche hilft mit ihrem Beispiel gerade solchen Menschen, aus einer »hinabziehenden Denkspirale« hinauszukommen. Lärchenholz gibt uns Sicherheit und Vertrauen. Wenn wir erst einmal wissen, dass wir hoch hinaus, dem Licht zustreben können, machen wir automatisch die richtigen Anstrengungen, die dafür erforderlich sind und für die wir uns vorher nicht aufraffen konnten. Die Lärche ist wendig. Sie streift jedes Jahr ihr altes Nadelkleid ab. Menschen, die sich die Lärcheneigenschaften zum Vorbild machen, können bereits nach kurzer Zeit an sich selbst spüren, wie sie immer leichter und unbekümmerter alte Ängste und überflüssige Sorgen abwerfen. Mit Lärchenholz in der Wohnung werden sie flexibler, weltoffener und sie werden immer stärker in sich selbst vertrauen.

In der heimischen Volksmedizin wird Lärchenharzpflaster als befreiendes, ziehendes Mittel gegen Furunkel und Entzündungen eingesetzt. Bekannter ist auch die Wirkung von Lärchenöl in der Duftlampe. Es hilft zu einer lockeren, unbeschwerten Atmung in vollen Zügen. Bei verstopften Nasen und Nebenhöhlenentzündungen wird das Inhalieren mit kochendem Wasser, dem einige Tropfen Lärchenöl beigegeben wurde, neben der ärztlichen Behandlung angewendet.

Die Tanne

AUF DEM WEG ZUR MÄRCHENWIESE

Thoma-Schalung in Tanne

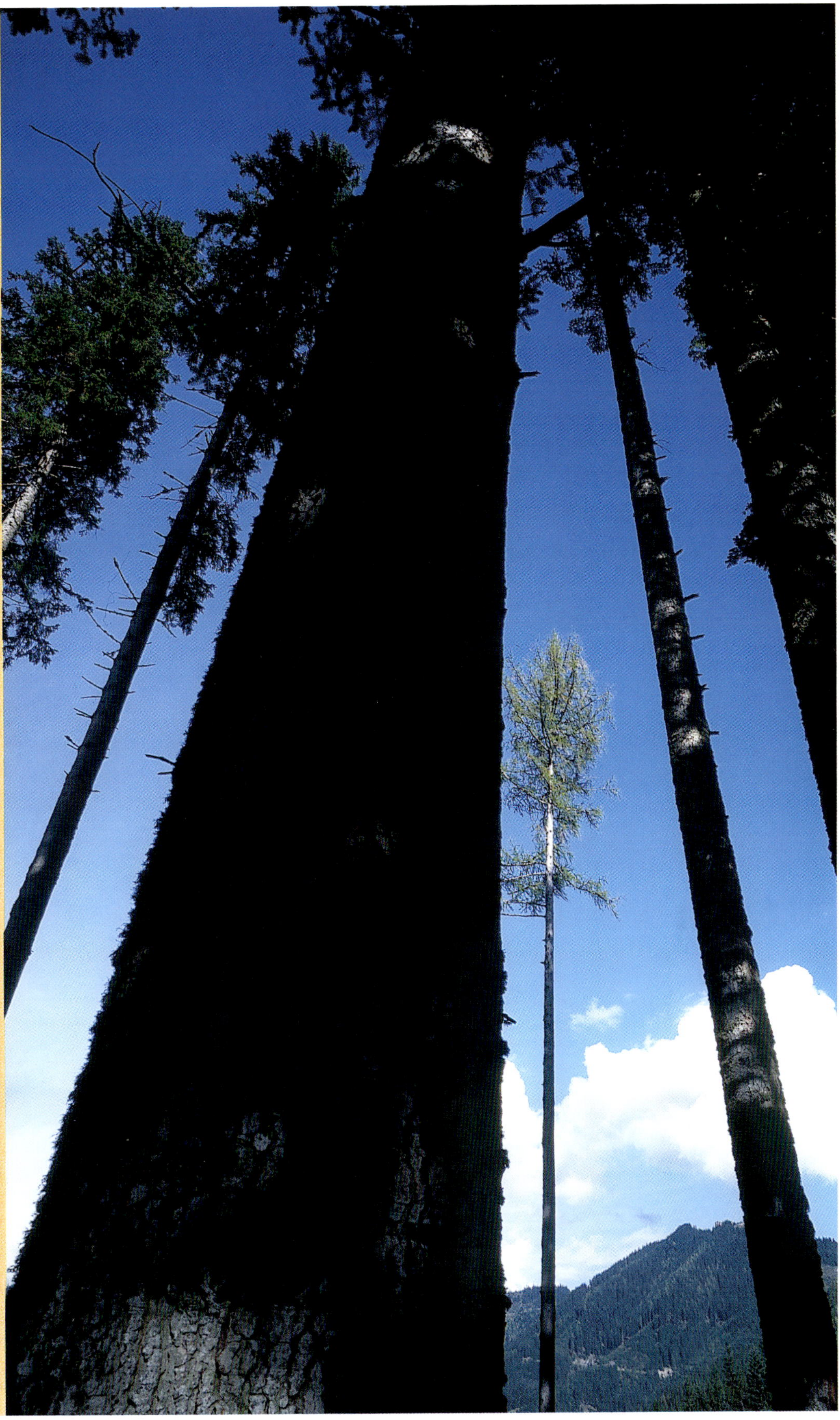

DIE TANNE

Auf dem Weg zur Märchenwiese

Schritt für Schritt setzte meine Frau neben mir vorsichtig ihre Schuhe in das tiefe, dunkelgrüne Moos. Ich konnte spüren, wie behutsam sie aufstieg. Es war, als wollte sie keine Spuren hinterlassen, nichts zertrampeln, wie ein gern gesehener Gast, sanft über die flaumig weiche Wunderwelt dieses Waldbodens wandern. Hier, in diesem Hochwald schien wirklich eine wunderbare Ordnung unsichtbar zur Vollendung gereift zu sein. Harmonie, Ruhe und Gleichgewicht waren zu spüren – sonst nichts.

Der unbedeutendste, winzigste Moosstingel nahm neben den allermächtigsten Tannen mit ewiger Selbstverständlichkeit seinen Platz ein. Vielmehr, sie ergänzten sich, spielten gemeinsam ihr stilles Konzert. Ohne ein Wort zu wechseln, wusste ich, dass meine Frau es gleichermaßen genoss, hier ganz lautlos über den weich gepolsterten Boden zu gehen, geheimnisvoll, als wären wir der Erdenschwere entbunden. Wer könnte dich besser in den Wald begleiten als grundlos tiefe Moose?

Wie mächtige Klippen ins Meer, so tauchten hier die grauen, schuppigen Wurzelanläufe der Tannen ins uferlose Grün, ließen sich umspülen, ragten fest und unbeweglich mit kompromissloser Bestimmtheit in den Erdengrund, in ihre Nahrung hinein. Nach jedem Schritt eröffnete sich uns ein neuer Blickwinkel. Schritt für Schritt enthüllte der Tannenwald ein neues Bild vor unseren Augen. Auf einer kleinen Lichtung hielten wir still.

Der Duft von Humus, Tannengrün und Harz strömte in die Nase, in den Mund, in die Lungen. Ruhig und mit dem Gefühl, fest am weichen Waldboden verwachsen zu sein, standen wir auf der Lichtung und horchten unserem Atem.

»Siehst du sie. Kannst Du sie sehen?«

»Wen, was meinst du?« mein fragender Blick suchte die Augen meiner Frau neben mir. »Wen soll ich sehen?«

»Die Königin des Waldes. Sie ist festlich geschmückt. Schau, wie ihr glänzendes Nadelkleid und die Zacken der Krone gegen den Himmel ragen! Noch nie habe ich sie in so mächtigen Gestalten beobachtet. Die Tannen hier sind kirchturmhoch und ihre Stämme messen wohl einen Meter und mehr im Durchmesser. Hast Du jemals ehrwürdigere, mächtigere und königlichere Stämme gesehen. Die Zapfen stehen von der flachen Krone senkrecht in den Himmel. Eine wahrhafte Königskrone.«

Meine Frau schwieg. Ich kannte dieses Schweigen gut. Die ganze Feierlichkeit des Augenblicks nahm sie in sich auf, ließ sie in sich hineinfließen.

»Sonderbar«, ich begann wieder das Gespräch »sie ist trotzdem eine vergessene Königin!«

»Was meinst du mit der vergessenen Königin?« fragte sie nach einer Weile.

»Schau dich um. Dass die Tanne eine vergessene Königin ist, das ist eine der vielen Ungereimtheiten beim Umgang von uns Menschen mit Holz und Wald.«

Tannenholz ist aus der Mode gekommen. Obwohl es viele Beispiele wunderbarer tannener Bauten gibt, glauben viele, dass die Tannen nichts wert sind. Holzpartien mit vielen Tannen werden oft gar nicht gekauft oder nur sehr schlecht bezahlt. Dabei hat die Tanne neben dieser herrlichen Gestalt noch eine Reihe technischer Vorzüge!

»Pssst«, meine Frau legte den Zeigefinger auf ihre Lippen. Sie stand unbeweglich immer noch so auf der Lichtung wie wir angekommen waren. Die Tannen selbst konnten ihr hier am meisten erzählen.

Seit diesem Tag hatte die Königin Tanne eine neue unermüdliche Verbündete bekommen. Immer wieder und bei vielen Gelegenheiten kam meine Frau auf das Thema Tanne zurück. Alles wollte sie wissen, was ich ihr zu diesem herrlichen Baum erzählen konnte. Manches abendliche Weinglas wurde bei Tannengeschichten geleert. Nachdenklich wurde meine Frau, als sie hörte, dass die geringe Nachfrage nach Tannenholz dazu geführt hat, dass viele Waldbauern und Forstleute dieses unverkäufliche Holz nicht mehr im Wald haben wollen und bei der Waldverjüngung nicht mehr auf ausreichenden Tannennachwuchs achten.

Der »Tannengraf«

Wie könnte der Tanne geholfen werden, ihr wieder ein würdiger Platz in unseren Wäldern und in unserem Leben gesichert werden?

Wo ein Wille, da ist auch ein Weg; kein einziger guter Gedanke wird umsonst gedacht. Außerdem: Wenn es darum geht, einer Königin zu helfen, dann taucht sicher zur rechten Zeit ein mutiger Prinz oder Graf auf ...

Der »Tannengraf« wusste zu dieser Zeit noch nichts von seiner Berufung. Besuchen wir ihn:

DIE TANNE AUF DEM WEG ZUR MÄRCHENWIESE

Vom Alpenvorland die Stadt Salzburg verlassend, hinein in die Salzburger Berge, an Golling vorbei nach Süden über den Paß Lueg, gelangt der Reisende in die Landesteile »Innergebirg«, den Pongau, Lungau und den Pinzgau. Die Kalkalpen werden hier von Schieferbergen und den Hohen Tauern aus Urgestein abgelöst. Im Haupttal geht es flussaufwärts immer der Salzach entlang, von der Mozartstadt Salzburg bis in den obersten Pinzgau nach Krimml, wo die weltbekannten Krimmler Wasserfälle rauschend und tosend in die Tiefe stürzen. Auf dem halben Weg befindet sich bei Schwarzach eine reizende Landschaftsterrasse, malerisch oberhalb der Salzach gelegen. Und in diese Sonnenterrasse ist ein idyllischer See eingebettet. Wunderbare, jahrhundertealte Holzhäuser säumen die Dorfstraße der Gemeinde Goldegg am See. Neben der Kirche und den schmiedeeisernen Grabkreuzen des Bergdorffriedhofes wacht das Schloß Goldegg über Dorf und See. Umrahmt von Lärchen und Bergahornbäumen bietet das Schloss mit dem kleinen Ort und dem Spiegelbild im See dem Besucher ein beinahe unwirklich anmutendes Bild. Die Romantik vergangener Jahrhunderte, Spuren unserer Vorfahren, Lebensgefühle alter Zeiten, werden hier wach.

Vor einigen Jahren trug sich im winzigen Postamt von Goldegg folgendes zu: Der alte Baron, der Jahrzehnte hindurch die gräflichen Besitzungen in und rund um Goldegg verwaltet hatte, war gerade zu Grabe getragen worden und die Neugierde im Ort war groß. Wie geht es hier weiter? An wen wird man sich wenden müssen, wenn eine Quelle auf gräflichem Grund angezapft werden soll, ein fraglicher Grenzstein zu suchen war, eine Pachtwiese benötigt wurde und ähnliche Anliegen »auf den Schuh drückten?«

Genau zu der Zeit traf ein Goldegger Bauer in der winzigen Post auf ein unbekanntes Gesicht. Ein stattlicher Herr mit weißem Schnurrbart erledigte am Schalter seine Anliegen. Der Hals des Bauern wurde immer länger und bald wurde sein Verdacht zur Gewissheit. Jeder im Ort kannte die gräflichen Briefe, die hier aufgegeben wurden. Das konnte nur der Nachfolger vom Baron sein. »Entschuldigung«, der Bauer räusperte sich und drehte verlegen seinen Hut mit den breiten Händen, »sind sie der neue Baron?«

Der Herr am Schalter drehte sich um. Lachender Mund, weißer Schnurrbart, rote Wangen und schelmisch blitzende Augen. »Der neue Baron?« ertönte es in breitem Tiroler Dialekt, »nein, nein ich bin wirklich kein neuer Baron. Wissen sie, ich bin schon ein alter Graf!« Die Augen des Grafen leuchteten vor Vergnügen und eine kräftige Grafenhand wurde dem Bauern zur Begrüßung gereicht. Die Herzen der Goldegger hatte der Graf bald erobert. Kein Wunder, gibt es doch im ganzen Ort niemanden, der den Herrn Graf jemals grantig erlebt hätte. Vergnügte Augen und ein gutes Wort für jedermann sind das bekannte gräfliche Elixier.

Jahre später führte mich meine Begeisterung für die edle Tanne zum selben Herrn Graf nach Goldegg. Als er erfuhr, dass ich eine Schwäche für Mehlspeisen habe, fuhr er mit dem schweren Geschütz der Versuchung auf: »Im Schloßcafe gibt es, wie eingeweihte Feinschmecker meinen, die beste Nussrolle im ganzen Salzburger Land. Die ist so gut, dass es geradezu unmenschlich wäre, der Versuchung nicht zu unterliegen.«

Der Herr Graf hatte wirklich Recht. Die Nussrolle war kaiserlich. Aber dieser Gaumengenuss hinderte ihn trotzdem nicht daran, aufmerksam zuzuhören, was für die Königin Tanne geschehen sollte.

Ein Forschungszentrum für Naturholzverarbeitung sollte hier entstehen. Ein Ort, der für Bauherren und Architekten, Waldbauern und Handwerker ein Knotenpunkt werden soll. Information und Entwicklung, Schulung und Veranschaulichung der Schätze und Möglichkeiten der Nutzung heimischer Bäume, sollen alle interessierten Menschen zusammenführen. Bis zu vierzig Zentimeter dicke Tannenwände aus vollem Holz sollen all das im neuen Zentrum bergen. Unsere Holztechniker forschen und werken jüngst an der Entwicklung neuer kostengünstiger Möglichkeiten zum Bau von Häusern aus purem Holz. Wartungsfreie Holzfenster waren ebenso gerade fertig entwickelt worden. Nur ein Problem gab es noch zu lösen. Wir hatten keinen Bauplatz. Das neue Naturholzzentrum aus Tannenholz könnte holzbegeisterte Menschen aus ganz Europa zusammenführen. Es soll die Wiege für den neuen, giftfreien Umgang mit Holz im Sinne der Kreislaufwirtschaft sein. Da ist die Suche nach dem richtigen Platz gar nicht so einfach.

Liebe auf den ersten Blick

»Die Märchenwiese, kennen sie unsere Märchenwiese? Dieser Ort passt genau zu ihrem Vorhaben!« sprach der Graf und schon ging es ins Gelände.

Er führte mich aus dem Ort hinaus. See, Schloss und Häuser verschwanden hinter unserem Rücken. Ein Stück bergab, dem Bach entlang zur alten Mühle und danach folgten wir einem schmalen Weg entlang wieder leicht bergauf. Unter den mächtigen Eschen und Bergahornstämmen gingen wir, bis der Weg im Fichtenhochwald verschwindet.

»Hier sind wir, ist das nicht herrlich? Mir gefällt das so gut, dass ich immer sage, ich geh zur Märchenwiese.« Herr Graf bog vom Weg ab und stapfte in die Wiese. Wiese? Nein, was sich hier vor meinen Augen auftat, war mehr. Es war ein Ort, ein Platz und Raum mit einer Seele, von der Natur allein geformt. Und hier also sollte unser Haus mit den dicken Tannenwänden stehn.

Erlen am glucksenden Bach im Westen, schlank empor strebende Lärchen und Fichten im Osten und der dunkle Nadelwald im Süden rahmten die blumenübersäte Bergwiese am sanften Hang ein. Mittendrin aber wurzelten zwei Laubbaumgestalten ober dem gewachsenen Felsen.

Ihre Bergahornrinde war von groben Schuppen überzogen. Mit Schrunden und Falten hüllten sie den knorrigen Stamm ein. Was für ein Gegensatz und Harmonie in Einem: Die urigen, ehrwürdigen Stämme, die mit ihrem verzweigten Astwerk dem Himmel entgegenstrebten und obendrauf das zarte, hoffnungsvolle Grün der austreibenden Ahornblätter. Jung, frisch und voller Saft schmückten sie die beiden Riesen auf der Märchenwiese.

Der dunkle Schieferfelsen zu Füßen der beiden wurde vom zarten Frühlingsgrün der Wiese umspült. Wie eine kleine Welt, in der sich die große spiegelt, siedelten Moose, Flechten und Gräser in den merkwürdigsten Formen auf der steinernen Landschaft. Dazwischen flitzten Ameisen und Käfer im emsigen Fleiß ihres Tagesgeschäftes. Es schien, als hätten sie keine Sekunde zu verschenken.

Unterm Stein breitete sich die Wiesenmulde mit Buckeln und saftigem Gras am Grund aus. Am trockenen Hügel wuchsen Kräuter, Ehrenpreis und Thymian. Vom Wegrand, am anderen Rand, lachte der blühende Wildkirschbaum vor dem Hintergrund des Fichtenwaldes. Eine Schönheit, vollkommen und doch vergänglich – als lebte dort die zauberhafte Fee der Märchenwiese.

Diese Bühne war eingerahmt von den frühjahrsschneebedeckten Berggipfeln des Salzachtales. Unter dem dunkelgrünen Waldgürtel dieser Berge breitete sich der Talboden mit Fluss und Straße, Häusern und Eisenbahn aus. Wie eine Sandkastenwelt wirkte das Geschehen im Tal auf den Betrachter hier oben am Berghang. Das geschäftige Treiben der Menschen, die Hektik des Verkehrs, das alles lag entrückt zu unseren Füßen. Abstand herrschte hier zwischen Berg und Tal.

Gerade einem Holzbau könnte es gelingen, sich in diese Idylle einzufügen und den Zauber des Ortes zu erhalten. Darüber waren wir uns bald einig. Wir gingen auf und nieder und standen bald hier und bald dort. Aus jeder Richtung bot sich ein neues Bild.

DIE TANNE AUF DEM WEG ZUR MÄRCHENWIESE

Es war wohl eine Liebe auf den ersten Blick und der Entschluss fiel leicht. Per Handschlag wurde die Märchenwiese zur neuen Heimat der Naturholzverarbeitung und der Herr Graf zum Verbündeten ihrer Majestät, der Königin Tanne.

Mächtige Balken,
aus uralten Tannen geschnitten,
lagern zur Lufttrocknung

Der Kern des Zentrums, ein tannener
Blockbau wird aufgezimmert und mit
Flachs gedämmt

Das Forschungszentrum für Naturholzbearbeitung der Firma Thoma in Goldegg,
gewachsen auf der »Märchenwiese«

DIE TANNE IN DER BAUMFAMILIE

Tannen sind die mächtigsten und beständigsten Vertreter der heimischen Nadelbäume. 500 Jahre und mehr ist für die Tanne keine Seltenheit, wenn ihr der Boden und das Klima behagen. Die Tanne ist eine würdevolle Königin, die niemals eilt. Junge Tannen wachsen langsamer als die anderen Nadelbäume, dafür können sie aber als Bewohner der mächtigen Hochwälder mit ganz wenig Licht auskommen. Geduldig und beständig wachsen sie dann länger als die meisten anderen Bäume zu wahren Riesen heran. 100 Jahre Wartezeit im Schatten eines Großen machen der Tanne nichts aus. Eine Königin kann warten ...

Sie schützt ihre Untertanen. »Tannenwurzeln« gehen in die Tiefe und gehören zu den wichtigen Sturmankern der Wälder.

Eine gute Königin sorgt für ihre Untertanen »Tannennadeln« verrotten leichter als etwa Fichten-, Kiefer- oder Lärchennadeln und bilden den wichtigen nährstoffreichen Humus. Eine Königin versteht es, gut zu leben. Die Tanne mag tiefe, nicht zu trockene Böden mit vielen Nährstoffen. Sie mag mehr Wärme als ihre Nadelholzgeschwister und wächst deshalb nicht in die kalten Hochgebirgswälder hinauf.

Die Königin Tanne vermeidet extreme und gefährliche Pionierleistungen. Zurückhaltung und würdevolles Bewahren der guten Lebensbedingungen sind ihre Anliegen.

Tannenholz

Tannenholz ist eines der besten Bauhölzer, die uns zur Verfügung stehen. Für Balken und Pfosten, Dachstühle und Holzhäuser ist das elastische Weichholz der Fichte sehr ähnlich und für den Laien von der Tanne schwer zu unterscheiden. Tannentypische Vorteile sind das Fehlen von Harzgallen, die z.B. in der heißen Sonne ausfließen können. Tannenholz ist etwas schwerer als Fichtenholz. Im Wasserbau ist die Tanne um eine Spur beständiger und wurde hier immer gern eingesetzt.

Ältere Tannen können je nach Bodenverhältnissen im Stammesinneren einen braun gefärbten Kern bilden. Diese Färbung hat keinen Einfluss auf die statischen Fähigkeiten und die Haltbarkeit des Holzes, bringt aber einen optisch erkennbaren Farbunterschied mit sich.

Einen wichtigen Vorteil bietet die mächtige Tannengestalt all jenen, die besonders wuchtige Kanthölzer oder ganz breite Bodendielen suchen. In den heimischen Tannen finden wir die überstarken Stämme, die uns diese aus dem Kern geschnittenen Dimensionen nach dem Grundsatz der Naturholzverarbeitung liefern.

Wie auch bei der Fichte gibt es bei der Tanne zwischen einzelnen Stämmen sehr große Qualitätsunterschiede, die vor allem vom Wuchsort geprägt und vom Fachmann erkannt werden.

Je besser Klima, Boden und Mischwaldverhältnisse dem natürlichen Optimum der Tanne entsprechen, desto hochwertiger ist das Holz und vielfältiger die Möglichkeiten.

Wer Tannenholz trocknen will, sollte wissen, dass dazu beinahe doppelt so viel Zeit erforderlich ist, wie wenn Fichtenholz auf den gleichen Trocknungsgrad gebracht wird. Das gilt für alle Trocknungsarten. Planen Sie auf jeden Fall genug Zeit für die Lagerung und Trocknung ein[*].

*Hinweise zur natürlichen Trocknung finden Sie auch im Buch »... dich sah ich wachsen« von Erwin Thoma

DIE BEDEUTUNG FÜR DIE SEELE UND GESUNDHEIT

Die Königin des Waldes hat Stil. Jeder der sich mit ihr einlässt, erlebt Würde, Harmonie und großzügiges Denken. Als Baum kann die Tanne beinahe ein Jahrtausend überdauern. Wer diese Beständigkeit entdeckt, gewinnt Abstand zum Stress des Alltages und lernt sich langsam und sicher von den kleinen, täglichen Stürmen unnötiger Bedürfnisse und Wünsche zu befreien. Geduld ist eine Lebenskraft, die uns die Tanne schenkt.

Die Tanne löst und befreit uns. Engherzigkeit, Geltungssucht, Neid und Missgunst kennt sie nicht. Sie lehrt uns das Leben mit Gelassenheit, Würde und Muße zu genießen. Geben und nehmen, gut leben und gut leben lassen – wer das wirklich beherrscht, der kann sich auf jeden Tag freuen.

Tannenholz und Tannenbäume sind ein Weg, dorthin zu gelangen.

Die Kiefer

URGROSSMUTTER ALLER BÄUME

Thoma-Schalung in Kiefer

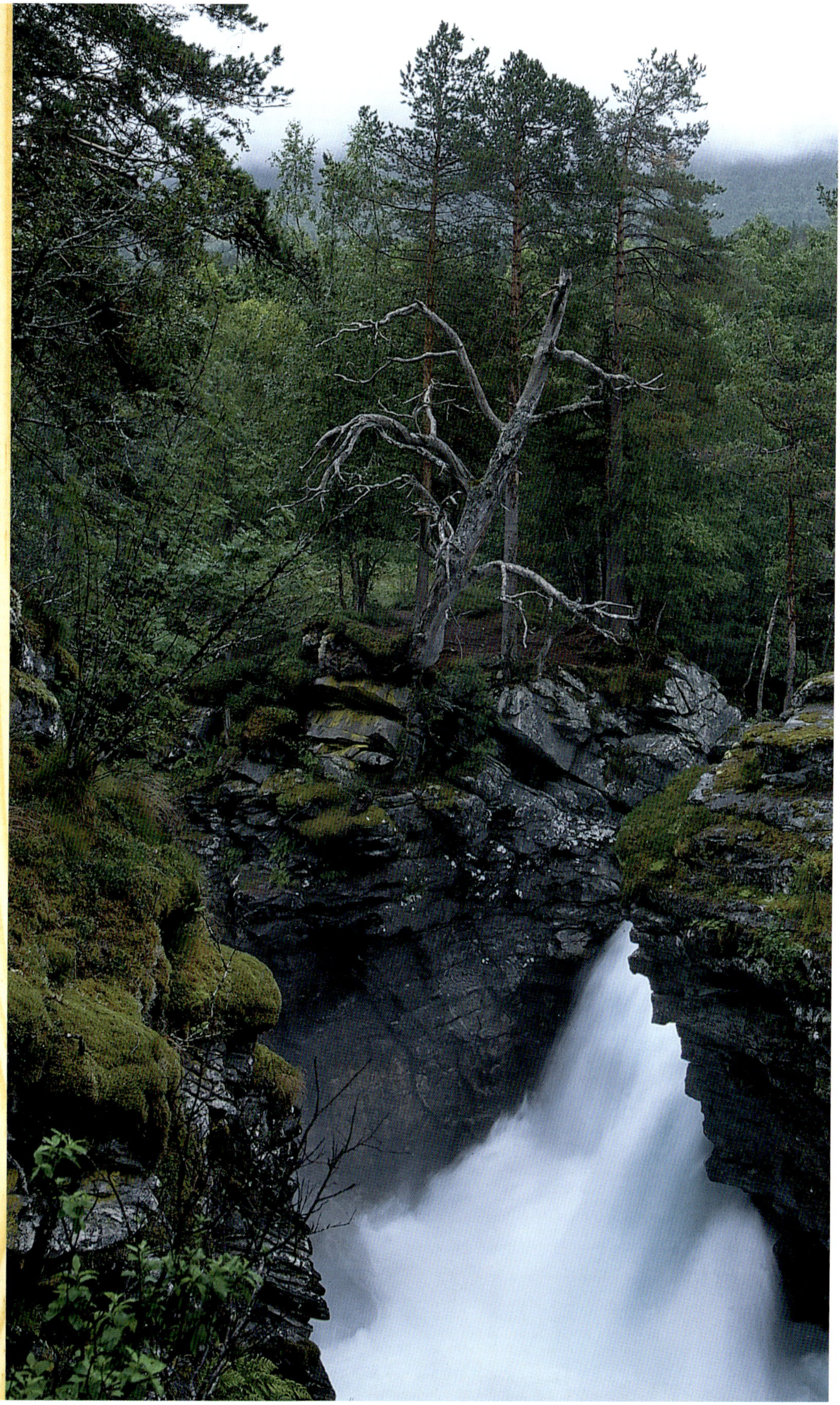

DIE KIEFER
Urgroßmutter aller Bäume

Selbst Förster geben oft nicht die richtige Antwort, wenn sie gefragt werden, welche Baumart wohl am ältesten werden kann. Eichen und Eiben, Mammutbäume, Linden und Olivenbäume werden viel öfter genannt als die Kiefer. Tatsächlich schafft es eine unscheinbare nordamerikanische Kiefernart, bis zu 5000 (!) Jahre alt zu werden.

Exakt 4900 Jahre haben Forscher an einzelnen Bäumen kalifornischer Borstenkiefern gezählt. Was für eine lange Zeit, wenn man diese Spanne mit dem Maß menschlicher Generationen misst. Was war am Wuchsort dieser Kiefern in Nordamerika oder in Europa vor 5000 Jahren los, oder besser gesagt, noch nicht los? Wie viele Epochen der menschlichen Kulturgeschichte, welche Glücksfälle und Katastrophen der Menschheit können in den Jahresringen dieser im Verhältnis zu ihrem Alter unscheinbaren Bäumen eingetragen werden. Es ist nichts Neues, Bäume können uns Menschen allein schon durch ihre Langlebigkeit vor Übermut bewahren. Sie verhelfen uns zu gesunder Demut. Einen Baum zu finden, der schon seit dem frühen Mittelalter unter den kommenden und gehenden Menschen weilt, ist gar nicht so schwer. Besonders in Gebirgsgegenden gibt es diese »Altersklasse« noch häufig anzutreffen. Diese alten Gebirgswächter, oder ein Olivenbaum, der bereits zur Zeit von Jesus Christus seine Blätter ausgetrieben hat, oder eben die Urgroßmutter aller Bäume, die nordamerikanische Borstenkiefer mit ihren 4900 Jahren, sie alle zeigen uns, wie kurz unser menschliches Leben, unser irdisches Dasein im Verhältnis zum großen Weltgeschehen und zu natürlichen Entwicklungen auf dieser Welt ist. Plötzlich wird es sinnlos, sich selbst allzu wichtig zu nehmen. Unsere Menschenlebenszeit nimmt sich im Vergleich zur Urgroßmutter der Bäume – als Zeit – einer Eintagsfliege aus.

Welchen Rat würden Sie geben, wenn Sie von der Eintagsfliege gefragt würden, worauf sie in ihrem kurzen Leben am meisten achten soll? Sollen wir ihr raten, sich brav fortzupflanzen und auf die Lebensgrundlagen ihrer Nachkommen zu achten? Oder sind wir Menschen das Vorbild, ein kurzes Leben lang maximalen Konsum, Macht und Ehre anzustreben?

Als die Urgroßmutter aller Bäume noch jung war, sie war damals in der Mitte ihres Lebens, am Höhepunkt ihrer Vitalität, vergleichbar mit einer Frau oder einem Mann Anfang Vierzig, da lebte unter den Menschen ein Mann mit dem Namen Gautama aus dem Adelsgeschlecht der Sa Kya. Heute nennen wir diesen Mann Buddha. Mit 29 Jahren verließ er das reiche elterliche Haus. Die verschiedenen traditionellen Wege der Askese konnten ihn nicht an sein Ziel bringen. Rund 500 Jahre vor Christus gelangte er dann unter einem Bodhibaum in mystischer Intuition zur Erleuchtung. »Unterlasse Böses, praktiziere nur das Gute, rette die Vielzahl der Lebewesen!« Diese Weisheit Buddhas ist geblieben. Der Dichter Dogen Zenji schrieb:
»Den Buddha Weg zu erforschen heißt, das Selbst zu erforschen.
Das Selbst zu erforschen heißt, das Selbst zu vergessen.
Das Selbst zu vergessen heißt ... erleuchtet zu werden«

500 Jahre später, unsere Kiefer hat, verglichen mit einem Menschenalter, gerade ihre Vierziger durchlebt und wird bald fünfzig, da kommt in Bethlehem ein Knabe zur Welt. Zum Mann herangewachsen, sagt er zu seinen Mitmenschen:
»Strebt nicht nach Schätzen dieser Erde, die von Dieben gestohlen und von Würmern zerfressen werden können!« Viele Menschen konnten damals nicht verstehen, was er meinte. Einmal hat er das zusammengefasst, was er mitteilen wollte: »Liebe Deinen Nächsten wie Dich selbst!« Da sind beide gemeint. Der Nächste und auch wir selbst. Seither ist viel geschehen auf dieser Welt. Manchmal wurden diese Worte mit Leben erfüllt. Viel zu oft aber hat sich niemand darum gekümmert.

Für unsere Kiefer war es wieder nur ein kurzer Lebensabschnitt, bis Abul Kasim Muhammad Ibn Abd Allah, heute im Westen Mohammed genannt, seine Lebenszeit, die von laufenden Offenbarungen geprägt war, auf Erden verbracht hat. Die Religionsgemeinschaft der Muslime, der Islam war damit geboren. Wunderbare und schreckliche, unbegreifliche Dinge sind in den Jahrtausenden an der Urgroßmutter der Bäume vorbeigezogen.

Ganz, ganz wenig von dem, was Menschen in dieser Zeit getan und geschaffen haben, ist geblieben. Die größten und mächtigsten Weltreiche, in denen die Sonne nicht untergehen konnte, sind zerbrochen wie tönerne Töpfe. Mächtige Ideologien sind weggeschmolzen wie das Eis in der warmen Sonne. Angehäufte Reichtümer und Schätze wurden verbrannt, gestohlen und über die Welt verstreut. Geblieben hingegen sind Worte wie: »Liebe Deinen Nächsten wie Dich selbst!« Die uralten Bäume erreichen das höchste Alter aller Lebensformen auf dieser Erde. Sie regen uns zum Nachdenken an. Was geht nur als Schatten vorüber und wofür zahlt es sich wirklich aus, sich einzusetzen und unser Leben dafür auszurichten. Welche Werte sollen wir wirklich schaffen. Ist es die Liebe, die länger bleibt als alle materiellen Dinge dieser Welt? Wohl nur die Liebe ist in der Lage, die Folgen von Kriegen und Verbrechen, den Hass aus dieser Welt zu entfernen. Eine schöne und große Aufgabe hat die uralte Kiefer, die uns an die Ewigkeit und Wirksamkeit der Liebe erinnern kann. »Liebe, und Du wirst die Welt verändern!« In diesem Satz können wir vor einem der ältesten Lebewesen der Erde unsere größte Kraft erkennen: Unsere Fähigkeit, zu lieben.

DIE WEISSKIEFER IN DER BAUMFAMILIE

Kiefern können nicht nur uralt werden. Innerhalb der Baumfamilie zeichnet sie noch eine weitere Eigenschaft aus. Als häufigste Kiefernart in Mitteleuropa und den kühlen nordischen Wäldern der Erde sei hier die Weißkiefer, auch Waldkiefer genannt, herausgegriffen.
Noch mehr als die Lärche ist sie der Pionier im Nadelkleid. Überall, wo das Klima schwierig und der Boden ganz karg wird, ist die Kiefer die erste und letzte Vertreterin der Nadelbäume. Eine ihrer Spezialitäten ist dabei der genügsame Umgang mit Wasser. Sonnseitige, trockene Berghänge mit kargen steinigen Kalkböden werden von ihr gleich erfolgreich besiedelt und mit dem grünen Kronendach aus den büschelig, langen Kiefernnadeln beschützt, wie nährstoffarme Sandböden trockener Tiefebenen. Fichten und Tannen würden an diesen Orten hoffnungslos verdursten. Sie können hier die wohltuende und schützende Wirkung des Waldes nicht mehr anbieten.
Das ist aber noch nicht alles, was ihre Schwester Kiefer in ihrer Vielseitigkeit zu bieten hat. Auch mit Kälte geht die Kiefer besser um als die meisten ihrer

DIE KIEFER IN DER BAUMFAMILIE

Baumgeschwister. Bis in den höchsten Norden und in die kältesten Regionen der sibirischen Wälder reichen die großen Kiefernwälder der Erde.
Gemeinsam mit Laubholzpionieren wie Birke, Aspe und Eberesche fühlt sich die Weißkiefer in den »Kühlschränken« der Nordwälder pudelwohl. Kälte kann ihr wenig anhaben. Ihre Knospen werden vom Elch als Nahrung geliebt. Ihre Stämme und Kronen sind ein wichtiger Teil des ökologischen Gleichgewichtes der nordischen Wälder. Nur eines mag die Kiefer nicht – allzu üppige Böden im besten Klima. Ist der Tisch zu reich gedeckt, dann verliert sie ihre anmutige, feingliedrige Wuchsform. Förster sprechen hier von protzigen Kiefern. Im Überfluss sind die extremen Fähigkeiten der Kiefer nicht gefragt. Hier überlässt sie gerne ihren großen Schwestern Tanne und Fichte sowie den großen Laubbäumen das Feld.

Kiefernholz

In jungen Jahren erhielt ich von einem weißbärtigen und kahlköpfigen Berufsjäger, dem Albert, einen Rat für die Brautsuche:

»Weißt du, was die drei allerbesten Dinge im Leben sind?
Des Grasl beim Stoa,
des Fleisch neben dem Boa,
des Dirndl vom Roa.«

Mit dem Grasl beim Stoa meinte er die Lieblingsnahrung der Gämsen. Die Gräser, die hoch oben nur mehr einzeln und karg zwischen Fels und Geröll gedeihen, sind bekannterweise die würzigsten.
Das Fleisch neben einem Knochen (Boa) ist immer das saftigste Stück vom ganzen Braten.
Ein Mädchen vom Roa, (ein karger Hang), in diesem besonderen Fall ist eine bescheidene Familie gemeint, wäre genügsam und treu.
Soweit zur Lebensweisheit des übrigens unverheirateten Albert.

Zurück zur Kiefer. Die ist auch ein »Mädchen vom Roa.« Karge Böden bringen in aller Regel gutes, langsam wachsendes Holz hervor. Kiefernholz ist in den technischen Eigenschaften der Fichte sehr ähnlich. Es ist etwas schwerer und als Bauholz gut geeignet. Ein technischer Vorteil zeichnet das Kiefernholz aus: Es ist das Druckfesteste unter den heimischen Nadelhölzern. Gegenüber Fichte und Tanne halten Kiefernbalken um bis zu zwanzig Prozent höhere Druckbelastungen aus.
Bei der Verarbeitung gilt es allerdings, ein Risiko zu beachten. Wenn Kiefern in der warmen Jahreszeit geerntet werden (was vom Standpunkt des richtigen Holzerntezeitpunktes her gesehen ohnedies nicht gut ist), wird das Holz unglaublich rasch, oft innerhalb von wenigen Tagen von einem Pilz befallen. Dieser ist für die statischen Eigenschaften zwar harmlos, verfärbt aber die schönsten Stämme blau und führt so zu einer Entwertung.
Richtig geerntetes, im Winter eingeschnittenes Kiefernholz, welches luftig getrocknet und gelagert wird, bleibt verschont und behält seine schöne, bunte Färbung. Dieses Erscheinungsbild ergibt sich durch die orange Farbe des Kernholzes, das ungefähr ein Drittel des Stammdurchmessers einnimmt. Wegen diesem bunten Bild ist das Kiefernholz auch eine interessante

Gestaltungsalternative für Fenster, Türen, Möbel, Wandverkleidungen und ähnlichem. Das dunkel gefärbte Kernholz der Kiefer ist wesentlich witterungsbeständiger als der helle Splint. (Holz der Randzone)

DIE BEDEUTUNG FÜR DIE SEELE UND GESUNDHEIT

Die Kiefer ist der Baum, der auf kargen Böden und oft bei einer Kälte oder Trockenheit aufwächst, die andere Bäume gar nicht leben lässt. Am Ende bringt sie aber trotz widriger Umstände eine äußerst anmutige und feingliedrige Gestalt hervor. Die gelb-orange gefärbte Rinde gibt dem Baum ein buntes, fröhliches Kleid, ein ähnliches Bild, das dem Kiefernholz durch den orange-gefärbten Kern geschenkt wird.

Das ist wichtig zu den Gedanken rund um den Kiefernbaum. Es ist der Baum, der schwierige Lebensumstände wandelt und zu einem fröhlichen Ende bringt. Kiefernholz hilft traurigen, melancholischen und zurückgezogenen Menschen, zu guter Laune und Lebensfreude zu kommen.

Mit Vielseitigkeit meistert sie die schwierigsten Lebensumstände. Sie ist ein Spitzensportler unter den Bäumen und zeigt uns, dass Müßiggang und Üppigkeit wenig mit einem erfüllten Leben zu tun haben. Außerdem erzählt uns die Urgroßmutter aller Bäume von den größten Weisheiten, die sie in ihrem langen Leben gelernt hat. Liebe Deinen Nächsten wie Dich selbst.

Baumart	Ahorn, Bergahorn	Apfel	Birke
Holzfarbe	Weiß	Rotbraun, bunt gemasert	Weiß mit dunkelbraunen Einschlüssen
Natürliches Standvermögen = Ruhe und Formstabilität	Mittel	Mittel	Mittel
Härte	Hart	Hart	Mittel
Natürliche Verwitterungs-beständigkeit	Gering	Mittel bis hoch	Ganz gering
Verwendung	Im Innenausbau als ausgesprochen robustes Möbel- und Fußbodenholz, auch für edle Intarsien, im Instrumentenbau und ähnliches	Durch geringes Aufkommen nur im Möbelbau als edle Variante, Zubehör oder für Kleinteile, Griffe, etc.	Im trockenen Innenausbau, Möbel, Fußböden, Verkleidungen, im Norden Europas für Drechslerarbeiten, Gebrauchsgegenstände

Birne	Buche, Rotbuche	Eiche	Erle	Esche, Bergesche
Samtrot	Rosa bis rot	Braun	Orange-Rot	Hell mit dunkelbraunem Kern
Mittel	Ganz gering	Gut	Mittel	Gut
Hart	Sehr hart	Sehr hart	Weich	Hart
Hoch	Gering	Braunes Kernholz sehr hoch	Gering bis mittel	Hoch
Edles Möbel- und Instrumentenholz, zum Teil auch für besondere Fußböden und Wandverkleidungen	Schlichtes Möbelholz, überall im Innenausbau, für Gebrauchsgegenstände aller Art, immer wenn es auf Härte ankommt. Wächst in unseren Wäldern reichlich nach. Ist für den Verarbeiter durch hohe Quell- und Schwindmaße immer eine Herausforderung	Durch die Kombination von Härte- und Nässeresistenz gibt es eine breite Palette von Anwendungen. Vom Weinfass über die Terrasse und Fenster im Freien bis zum Fußboden, Möbel und Innenausbau	Vor allem im Möbelbau, auch als Fußböden, im Innenausbau	Möbel, Fußböden, Innenausbau aller Art, wegen höchster Elastizität für Sportgeräte

Baumart	Fichte	Kiefer	Kirsche
Holzfarbe	Weiß bis leicht gelb	Hell mit orange-rotem Kern	Rot, deutlich gemasert
Natürliches Standvermögen = Ruhe und Formstabilität	Je nach Wuchs mittel bis sehr gut	Je nach Wuchs mittel bis sehr gut	Gut
Härte	Weich	Weich	Hart
Natürliche Verwitterungsbeständigkeit	Je nach Wuchs gering bis mittel	Je nach Wuchs gering bis mittel	Mittel
Verwendung	Hervorragende statische Eigenschaften, Bauholz Nr. 1, für sämtlichen Innenausbau bei dem Härte nicht so gefragt ist. Viele Sonderverwendungen wie Instrumentenbau und ähnliches	Wegen krümmerer Wuchsform und höherem Gewicht als Bauholz weniger beliebt als die Fichte, obwohl die Kiefer zum Teil noch bessere statische Werte aufweist. Im Innenausbau, Möbelbau wie Fichte	Edles Möbelholz und für Fußböden, Innenausbau

Lärche	Linde	Nuss	Tanne	Zirbe, Bergkiefer, Arve
Dunkelroter Kern, heller Splint = Randholz	Weiß, hell	Dunkelbraun, Schwarzbraun	Helles Nadelholz	Orangr-rot mit dunklen Ästen
Stark vom Wuchs abhängig, schlecht bis sehr gut	Gut	Gut	Je nach Wuchs mittel bis sehr gut	Gut
Mittel	Sehr weich	Hart	Weich	Sehr weich
Rotes Kernholz sehr hoch	Gering	Hoch	Gering bis mittel	Gut bis sehr gut
Bestens für bewitterte Teile, Balkone Terrassen, Fenster und ähnliches geeignet, aber auch als edles Möbelholz, für Fußböden, im Innenausbau	Gemeinsam mit Zirbenholz das klassische Holz für Bildhauer und Schnitzer	Klassisches Möbelholz	Durch mächtigen Wuchs ein Bauholz, das große unverleimte Dimensionen ermöglicht! Sämtliche Innenausbauten, Sonderverwendungen wie Saunabau, weil Tannenholz keine Harzgallen enthält	Für Bildhauer sehr gut geeignet, im Innenausbau wegen des einzigartigen Duftes, der Jahrzehnte andauert, sehr beliebt (Zirbenstube). Für Schränke und Truhen die Ungeziefer von Lebensmittel und Kleider fernhalten sollen

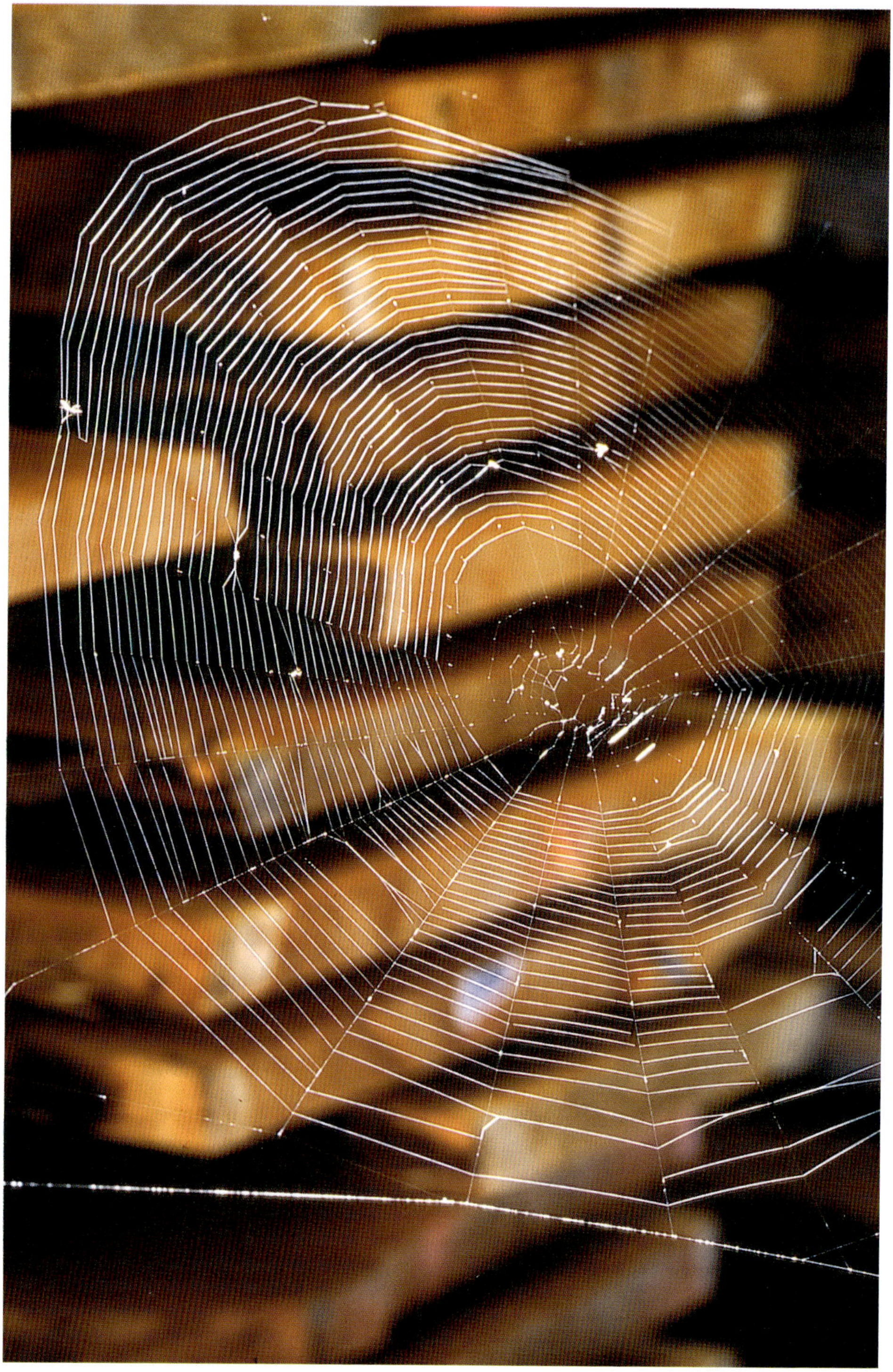

Ein Netzwerk

Unter diesem Titel habe ich die Leserinnen und Leser meines ersten Buches »... dich sah ich wachsen« eingeladen, eigene Erlebnisse, Unterlagen und Informationen zum Thema uraltes und neues Leben mit Holz, Wald und Mond mitzuteilen.

Beim Schreiben dieser Bitte an meine Leser konnte ich nicht ahnen, wie viele Menschen noch wahre Schätze an altem Wissen und guten Anregungen bei sich aufbewahren und was da alles geschickt werden würde.

Das Netzwerk der Naturholzverarbeitung ist in der Zwischenzeit zu einem wahren Geflecht von interessierten Bauherren, Holzkunden, Handwerkern, Forstleuten und wissenschaftlich arbeitenden Menschen geworden.

Körbe von Briefen sind seither beantwortet worden und stapelweise haben wir Adresslisten von Handwerkern und Bezugsquellen verschickt. Aber nicht nur in Form versendeter Listen ist dieses Netzwerk gewachsen. Auch die Arbeit im Wald, in unseren Werkstätten und auf den Holzbaustellen wurde ständig weiterentwickelt und von vielen guten Geistern mitgestaltet und vorangetrieben. Das vitale und pulsierende Interesse so vieler Menschen an der Naturholzverarbeitung ist wohl die wichtigste Triebfeder, die unsere einstige, kleine Einmann-Entwicklungsabteilung zum Forschungs- und Entwicklungszentrum für Naturholzverarbeitung heranwachsen ließ.

Was verbirgt sich hinter so einem langen Namen? Warum soll gerade bei der Naturholzverarbeitung, die umfassend auf uraltes Wissen und Handwerkstraditionen zurückgreift, mit modernen Mitteln geforscht werden?

Der Bedarf und der Nutzen, den Holz stiften kann, das auf natürliche und gesunde Weise zur Formstabilität und zur Verwitterungsbeständigkeit gelangt, ist unvorstellbar vielfältig und groß.

Die bekannteste Entwicklung aus dem Goldegger Forschungszentrum ist die Holz100 Massivbautechnik. Holz100 Häuser bestehen zu 100 Prozent aus Holz. Durch diese neue verdübelte Vollholzbauweise werden Weltrekorde und Bestwerte in Wärmedämmung, Brandsicherheit, Strahlenabschirmung, Raumklima und Schalldämmung erreicht. Und das alles mit nichts als reinem Holz ohne chemische Hilfsmittel.

Die Zahl der Menschen, die in Holz100 Produktionen, bei der Holzernte oder auf den weltweiten Baustellen arbeiten, steigt ständig und hat schon vierstellige Werte erreicht. Tausende Familien bekommen ihre Lebensgrundlage durch die wunderbare Arbeit mit Holz. Die technische Umsetzung und Ideen von Aufsehen erregenden Holzbauten wurden in Goldegg geboren. Das erste Hotel der Alpen aus Holz in Südtirol, das wohl leiseste Holzhotel der Welt in Nordtirol, eine Holzkirche, die Taifune und Erdbeben in Japan aushält – und nicht zuletzt für viele, viele traumhafte Holz100 Häuser wurden hier in Goldegg technische Lösungen entwickelt. Neuartige Massivholzdecken, die nicht schwingen und schalldicht sind, verdübelte Vollholzdachelemente, die die Sommerhitze abhalten, Schlafzimmerwände mit einer innenseitigen Zirbenauflage – zur Herzberuhigung, sind bei diesen Lösungen ebenso dabei wie die Entwicklung von rationellen Produktionsmaschinen, damit sich alle Bauherren Holz100 Häuser leisten können.

Durch diese Forschungserfolge, die allen Menschen überall auf der Welt zu Gute kommen, die sich mit Holz beschäftigen, ist in Goldegg noch eine Aufgabe hinzugekommen.

Menschen aus aller Welt schreiben, bitten um Informationen und kommen am Ende hierher. Dieser Besucherstrom freut uns und wir versuchen, dem nach besten Kräften gerecht zu werden. Für Bauinteressierte, Architekten und Handwerker gibt es regelmäßig Führungen. Bauherren und Planer bekommen technische Beratungen und Kostenkalkulationen.

Für Handwerker und Händler, die im Holz100 Netzwerk mitarbeiten möchten, werden mehrmals im Jahr Seminare organisiert.

Universitätsprofessoren, Wissenschafter und Lehrende an Holzschulen aller Art versorgen sich vor Ort mit neuen Erkenntnissen und Unterlagen zu den großartigen neuen bauphysikalischen Möglichkeiten, die Holz bietet. Exkursionen von Waldbesitzerverbänden, Studenten, öffentliche Stellen und Verbände finden ihren Weg nach Goldegg. Menschen, die die neuen Möglichkeiten mit Holz einfach persönlich sehen, riechen und begreifen wollen.

Im Forschungszentrum freuen wir uns über Ihre Anfragen und Besuche. Bedenken Sie aber bitte, dass wir Ihr Anliegen bestens bearbeiten möchten und dazu die nötige Zeit erforderlich ist. Bitte melden Sie Ihren Besuch vorher an. Das Forschungszentrum ist nur an Werktagen geöffnet. Neben der Forschung ist die Information für alle Bau- und Holzinteressierten die zweite wichtige Aufgabe in Goldegg. Einen ersten Eindruck können Sie auch durch einen Besuch im Internet unter: **www.thoma.at** gewinnen.

Wieder besser, unbefangener und natürlicher mit Holz und Wald umzugehen ist das Ziel aller Holzfreunde, die das Netzwerk der Naturholzverarbeitung bilden. Gesünder leben und unseren Planeten Erde für unsere Kinder zumindest so gut zu erhalten wie wir ihn übernommen haben. Lebensfreude und Genuss gehören zum Dank, den wir für diese Lebenseinstellung gewinnen.

Abschließend noch eine Bitte:
Schreiben Sie uns, besuchen Sie uns, oder schicken Sie uns Unterlagen, wenn Ihnen bemerkenswerte Dinge und Informationen rund um das natürliche Leben mit Holz begegnen, die Sie über das Netzwerk vielen interessierten Menschen zukommen lassen möchten.

Die Adresse des Zentrums:
Ing. Erwin Thoma Holz GmbH
Forschungszentrum
Hasling 35
5622 Goldegg
Österreich

Tel.: 0043 (0) 6415-8910
Fax: 0043 (0) 6415-89204
E-Mail: info@thoma.at
www.thoma.at

Erstinformationen zu den verschiedenen Möglichkeiten, sich Ihren persönlichen Baum in Ihr Haus, Ihre Wohnung und damit in Ihr Leben einzubauen, können Sie am einfachsten mit dem auf Seite 175 befindlichem Serviceformular anfordern.

Nachwort zur dritten Auflage

In Wäldern, im eigenen Holzforschungszentrum und auf Holzbaustellen in aller Welt hat sich mein Berufsleben in den letzten Jahrzehnten abgespielt. Unzählige Wohnhäuser, Hotels, öffentliche Bauten und Kirchen habe ich mit meinem Unternehmen aus reinem Holz hergestellt. Keine Frage – dabei haben alle Beteiligten viel gelernt, den Segen des Waldes angenommen, wieder gelernt und am Ende sind glückliche Augen und zufriedene, begeisterte und gesunde Bewohner dieser Holzbauten der höchste Lohn für alle, die am Entstehen eines Hauses mitarbeiten.

Naturgemäß ist eine leitende Position bei solchen Projekten auch geprägt von Technik, Zahlen, Kalkulationen, Terminen ...

Gerade deshalb ist dieses Buch für mich eine besondere Herzensangelegenheit. Es zeigt die andere, genau gleich wichtige Seite des großen Geschenkes Holz. Obwohl der Rohstoff aus unseren Bäumen wieder, gerade in technischen Disziplinen neu entdeckt wird und eine einzigartige Erfolgsgeschichte schreibt, sind es die technisch nicht festschreibbaren Qualitäten, die dem Holz seine Einzigartigkeit verleihen.

Die Wirkung von Holz auf die menschliche Seele, der homöopathisch feine, aber nachhaltige Einfluss auf unsere Gesundheit, das geheimnisvolle Mysterium, das in Bäumen verborgen liegt, das ist der zweite Pol der segensreichen Holzqualitäten. Dieses Buch möge ein Beitrag sein, damit die wunderbare Welt von Wald und Holz nicht allein auf technischem und wirtschaftlich Nützlichem beschränkt bleibt.

Allein das Schreiben über dieses Thema war für mich persönlich eine Bereicherung. Ich konnte spüren, wie meine Arbeit im technischen Bereich beflügelt wird, wenn ich mich gleichzeitig um die seelische und geistige Qualität des Holzes bemühe. Ein Naturgesetz wird wirksam: Wer das Ganze, im Sinne von Ganzheitlichkeit bedenkt und danach verantwortlich handelt, der wird reich belohnt.

In den ersten beiden Auflagen dieses Buches gab es nach den »Baumgeschichten« noch einen kleineren technischen Teil, um im Sinne von Ganzheitlichkeit den Lesern Beispiele von praktischen Umsetzungen zu zeigen. Darauf habe ich nun in der dritten Auflage verzichtet. Vielmehr ist

NACHWORT

aus dem ehemals kleinen technischen Teil ein eigenes Buch geworden, das gewissermaßen als »zweiter Pol« von den neuen technischen Möglichkeiten und auch von alten Weisheiten beim Leben und Bauen mit Holz berichtet. Der Titel dieses Buches lautet: »Für lange Zeit – Leben und Bauen mit Holz,« erschienen im Verlag Christian Brandstätter. Dieses Buch kann über den guten Buchhandel oder direkt bei Thoma in Goldegg bezogen werden. (info@thoma.at) oder per Post: Ing. Erwin Thoma Holz GmbH, Forschungszentrum, Hasling 35, 5622 Goldegg, Österreich.

Diese beiden Bücher gemeinsam berichten von den praktischen, technischen und von den geistig, seelischen Möglichkeiten, die in unseren Bäumen zu finden sind. Es war ein Traum, diese beiden wunderbaren Seiten von Holz in Form von zwei Büchern allen Menschen zugänglich zu machen.

Nun ist dieser Traum in Erfüllung gegangen. Die dritte Auflage von »Und du begleitest mich«, ist das Buch abseits von Technik und Bauplätzen geworden. Es ist der Bericht über Bäume und ihre Geheimnisse, Heilkräfte und auch der Platz für lustige und ernste Geschichten, die man erleben kann, wenn man sich mit diesen Bäumen einlässt.

In dem Buch »Für lange Zeit« werden neue Technologien und Erkenntnisse vorgestellt, die die Bedeutung unseres Waldes und die Zukunft des nachwachsenden Holzes in eine neue Dimension heben. Bei der Lösung von Zukunftsfragen unserer modernen Konsumgesellschaft führt kein Weg mehr am Holz vorbei. Nebenbei wird in dem Buch gezeigt, wie sehr gerade die besten neuen Technologien wieder auf die Wurzeln uralter Holztraditionen aufbauen. Neue Erklärungen für das Phänomen »Neumondholz«, immerwährende Tabellen zur Ermittlung der richtigen Holzerntezeit sowie viele Bilder und Beispiele für Holzbauten, moderne Holzarchitektur und technische Detaillösungen runden dieses Buch ab. Es ist der praktische und technische Bruder von »und du begleitest mich.«

Mögen diese Bücher dazu beitragen, die Gaben der Natur möglichst vielen Menschen zu erschließen. Zukunftsangst wird aufgelöst, wenn wir den unendlichen Reichtum erkennen, der in den Wäldern für uns Menschen zur Ernte bereitliegt. Vertrauen ersetzt die Sorgen aller Menschen, die lernen, sich der Weisheit der Schöpfung anzuvertrauen. Leben und Bauen mit Holz – nach altem Wissen und neuen Technologien, das ist der Weg, um Holz als heilenden Begleiter für die Seele und Gesundheit zu entdecken. Meine besten Wünsche für Gesundheit, Freude und für ein Leben in Fülle auf diesem Weg begleiten Sie.

Herzlichst Ihr Erwin Thoma

WEITERS SIND ERSCHIENEN

... dich sah ich wachsen

Über das uralte und das neue Leben
mit Holz, Wald und Mond

Das erste Buch von Erwin Thoma – in mehreren Sprachen übersetzt – der Klassiker und erste Bestseller der Naturholzverarbeitung.

Ein Holzkamin, der 400 Jahre im Feuer war und doch nicht verbrannte; Buchen, die nicht reißen; seltsames Zirbenholz; Fichten, die kein Holzwurm mag; Stradivaris Geigenbäume; Abbrandlerhöfe; der Wald als Energielieferant und Schadstofffilter; Holz, das selbst im Freien ohne chemische Holzschutzmittel ewig hält; die unvergleichlichen Alphörner …

PRESSESTIMMEN

»Ein wunderschönes Lesebuch über
ein uraltes Naturmaterial.«   MARIE CLAIRE

»Ein leidenschaftliches Plädoyer für das Naturmaterial Holz.«
                                      HAUS & WOHNUNG

»Das Buch ist eine Ode an den natürlichen Umgang mit Holz und informative Lektüre zum gesunden Wohnen und Bauen ohne Chemie.«

Erwin Thoma
... dich sah ich wachsen
216 Seiten mit
SW-Illustrationen
und Farbabbildungen
Format 13 x 21,5 cm
Fadenheftung,
Schutzumschlag
ISBN 3-90172700-0

Für lange Zeit

Leben und Bauen mit Holz –
Alte Weisheiten für moderne Technologien

Neue Forschungsergebnisse und einmalige Holzbauten bis hin zum Großhotel eröffnen für alle überraschende Möglichkeiten mit dem Naturbaustoff unserer Wälder.

Holz, der nachwachsende Baustoff verändert die Welt des Bauens. Neuentdeckte technische Möglichkeiten, kombiniert mit sinnlicher Qualität und Ökologie werden von Bauherren und Architekten begeistert aufgenommen.

Lesen Sie das Buch mit allen Informationen, Tipps, Bildern und vielen Beispielen von der sanften Revolution des Holzes. Ein Gewinn für alle, die mit Bauen und Wohnen, Gesundheit, dem Wald und der Natur zu tun haben.

Die Natur, die Erfahrung und die Forschung – in diesem Buch fließen sie zusammen und bieten erstaunliche Möglichkeiten.

Ihr Erwin Thoma

Erwin Thoma
Für lange Zeit
160 Seiten mit
ca. 100 Farbabbildungen
Format 16,5 x 24 cm
Fadenheftung,
Schutzumschlag
ISBN 3-85498-297-6

**Bestell-Hotline: Tel.: 0043 (0) 6415-8910, Fax: 0043 (0) 6415-89204
www.thoma.at**

SERVICEFORMULAR

Ja,

ich möchte mehr über die vielfältigen Möglichkeiten wissen, die der naturgerechte Umgang mit unseren Bäumen bietet. Bitte senden Sie mir Unterlagen zu folgenden Themen:

- ☐ Holzhäuser
- ☐ Blockhäuser
- ☐ Niedrigenergiehäuser
- ☐ Vollholzböden aus allen heimischen Baumarten
- ☐ Schnittholz für Tischler
- ☐ Schalungen, innen und außen
- ☐ Adressen von guten Massivholztischlern
- ☐ Wärmedämmung mit Flachs
- ☐ Holz im öffentlichen Bau u. Hotels
- ☐ Seminare und Vorträge mit Erwin Thoma
- ☐ Veranstaltungstermine
- ☐ Infos für Veranstalter bitte persönlich besprechen: Tel. 0043 (0) 6415-8910

Für Ihren Verwaltungsaufwand lege ich ihnen € 2,00 bei.

☐ Ich bestelle folgende Bücher von Erwin Thoma:

____ Stück »... dich sah ich wachsen«
____ Stück »Und du begleitest mich«
____ Stück »Für lange Zeit«

☐ Ich bin einverstanden, dass Sie meine Adresse an andere Unternehmen weitergeben, die im Sinne des Buches »Und du begleitest mich« arbeiten.
☐ Bitte geben Sie meine Adresse nicht weiter.

Stecken Sie das Antwortformular bitte in ein Kuvert und senden Sie es an folgende Adresse: **Ing. Erwin Thoma Holz GmbH, Forschungszentrum Hasling 35, 5622 Goldegg, Österreich**

Absender:

Name:

PLZ: Wohnort:

Straße, Nr.:

Telefon: E-Mail:

Datum: Unterschrift:

DANKE

Die Botschaft vom Holz ist eine der ganz wichtigen Botschaften unserer Zeit. Ich danke allen, die daran arbeiten, darüber schreiben und unermüdlich dem Holz treu bleiben.

Danke an alle, die bei der Entstehung dieses Buches mitgearbeitet haben. Meine Frau Karin; Gerhard Pirner und Wolfgang Popp haben Korrektur gelesen. Von Birgit Demel und Dietmar Kalchschmied stammt ein großer Teil der Bilder. Und danke an Christine Steiner, die meine handgekritzelten Manuskripte entziffert hat.

Danke an alle, die meine Bücher lesen, verschenken und verbreiten.

4. Auflage
Lektorat: Dr. Gerhard Pirner und Wolfgang Popp
Graphische Gestaltung: Beatrix Kutschera
Technische Betreuung: Hans Kutschera
Reprografie: Atelier 21 GmbH
Druck und Bindung: Druckzentrum Ges.m.b.H., St. Veit an der Glan

Verwendete Literatur: Erwin Thoma »... dich sah ich wachsen« –
über das uralte und neue Leben mit Holz, Wald und Mond;
Erschienen im Verlag »Grüne Erde« mit dem Autor gemeinsam

Alle Abbildungen stammen von Erwin Thoma mit Ausnahme von S. 1, 8, 9, 15, 18, 20, 21, 23, 26, 28, 38, 44, 45, 68, 69, 72, 74, 75, 80, 82, 83, 90, 92, 94, 96, 114, 117, 120, 123, 126, 134, 135, 143, 147, 156, 157, 161, 168: Birgit Demel/Dietmar Kalchschmied;
S. 107: Weber; S. 121: Kutschera; S. 127: Mollenhauer

Copyright © 2004 by Edition Thoma,
Alle Rechte, auch die des auszugsweisen Abdrucks
oder der Reproduktion einer Abbildung, sind vorbehalten.
Das Werk einschließlich aller seiner Teile ist urheberrechtlich geschützt.
Jede Verwertung ohne Zustimmung des Herausgebers ist unzulässig.
Dies gilt insbesondere für Vervielfältigungen, Übersetzungen,
Mikroverfilmungen und die Einspeicherung und Verarbeitung in elektronischen Systemen.

Edition Thoma
Ing. Erwin Thoma Holz GmbH, Forschungszentrum
5622 Goldegg, Hasling 35, Österreich
Telefon 0043 (0) 6415-8910
Telefax 0043 (0) 6415-89204
E-Mail: info@thoma.at
www.thoma.at

ISBN 3-901958-00-2